इश्क़ है एक गहरा समंदर

काव्य-संग्रह

सी.पी. बैरवा सिंगरौली

अंजुमन प्रकाशन

Title : Ishq Hai ek Gehra Samandar
Author : C.P. Bhairwa

Published By-
Anjuman Prakashan
942, Mutthiganj, Prayagraj, 211003
www.anjumanpublication.com
anjumanprakashan@gmail.com

Printed and bound in India.
Paperback, First published by Anjuman Prakashan in 2022
ISBN : 978-93-91531-91-1
Copyright © 2022 C.P. Bairwa
Printing rights reserved : Anjuman Prakashan 2022
Cover & Typeset by Anjuman Prakashan

Price in india: 200/-

समर्पण

ये किताब उन सभी शायरी शौकीनों को
समर्पित करते है, जो शायरी में रूची रखते हैं।

सहयोग

इस किताब को पूरा करने में पत्नी चन्दा, मित्र
रमेश कुमावत और लोकेश मीणा का विशेष
सहयोग रहा है।

The woods are lovely
Dark and deep
But I have promises to keep
And miles to go before I sleep
And miles to before I sleep
ROBERT FROST

C.P. Bairwa
Deshi psycho sgrs
8740854747
8742011640

कोई आँखों-आँखों में बात कर लेता है
कोई आँखों में इकरार कर लेता है।
बड़ा मुश्किल होता है, जवाब दे पाना
जब कोई खामोश रहकर भी सवाल कर लेता है।

✺

तलाश सिर्फ सुकून की होती है।
नाम रिश्ते का चाहे, कुछ भी हो।

✺

चलकर देखा है, अक्सर
मैंने अपनी चाल से तेज
पर वक्त
और, तकदीर से आगे
कभी निकल न सका।

✺

मोहब्बत मिले तो, जीना सिखाती है
और ना मिले तो पीना सिखाती है

✺

जिम्मेदारियाँ ।
मजबूर कर देती है, अपना शहर छोड़ने को
वरना कौन अपनी गली में जीना नहीं चाहता।

✺

क्या लिखूँ, अपनी जिन्दगी के बारे में दोस्तों
वो लोग ही बिछड़ गये
जो जिन्दगी हुआ करते थे।

✸

क्या बात कहे दुनिया की
हर शख्स के अपने अफसाने है।
जो सामने है, उसे लोग बुरा हैं।
जिसको देखा नहीं कभी, उसे लोग खुदा कहते हैं।

✸

जी करता है, मुफ्त में ही उसे अपनी जान भी दे दूँ।
इतने मासूम खरीददार से क्या लेन-देन करना।

✸

मत इंतजार कराओ हमें इतना
कि वक्त के फैसले पर अफसोस हो जाये।
क्या पता कल तुम लौटकर आओ।
और हम खामोश हो जाए।

✸

इंतजार-ऐ-इश्क में, बैचेनी का आलम मत पूछो।
हर आहट पर लगता है
वो आये वो आये है।

✸

इश्क है... इक गहरा समन्दर

वो हमसे अपनी मर्जी से बात करते हैं।
और हम भी कितने पागल हैं कि
उनकी मर्जी का इंतजार करते हैं।

✺

मिलने की उम्मीद तो नहीं है, तुझसे
लेकिन कैसे कह दूँ की, तेरी इंतजार नहीं है।

✺

कितने अनमोल होते हैं अपनों के रिश्ते।
कोई याद ना करे तो भी
इंतजार रहता है।

✺

किसी रोज होगी रोशन
मेरी भी जिन्दगी
इंतजार सुबह का नहीं तेरे लौट आने का है।

✺

बहुत जुदा है, औरों से
मेरे दर्द की केफियत
जख्म का कोई पता नहीं और
तकलीफ की इम्तेहा नहीं।

✺

दर्द इतना था मेरे दिल में
मैं बता न सका।
आँखों में आँसू थे
फिर भी गिरा न सका।
चला गया वो शख्स हमेशा के लिए
पर मैं अपने दिल की बात बता न सका।

❀

तुझे जब देखता हूँ, तो खुद अपनी याद आती है।
मेरा अंदाज हँसने का कभी तेरे जैसा ही था।

❀

नजरों से देखो तो
आबाद हैं हम, दिल से देखो तो बरबाद हैं हम।

❀

जीवन का हर लम्हा
दर्द से भर गया।
फिर कैसे कह दे, आजाद हैं हम।

❀

मेरी चाहत को, मेरी हालत के तराजू में ना तोल
मैंने तो जख्म भी खाये जो
मेरी किस्मत में नहीं थे।

❀

इश्क़ है... इक गहरा समन्दर

एहसान किसी का, वो रखते नहीं
मेरा भी चुका दिया।
जितना खाया था नमक मेरा,
मेरे जख़्मों पे लगा दिया।

✺

हो सके तो थोड़ा दूर ही रहो, मुझसे
मुँह पर सच बोलने की आदत है मुझे।
मैं कही चुभ ना जाऊँ।

✺

आप नीचे गिर कर देखो, कोई नहीं आयेगा उठाने
आप जरा उड़कर तो देखो
सभी आयेंगे, आप को गिराने।

✺

लत सी लग गयी है
तुझे हर वक्त देखने की
अब इसे मोहब्बत कहते हैं या दीवानगी
ये मुझे पता नहीं।

✺

तेरा हाथ थामकर,
जिन्दगी की राहों पर चलना चाहते हैं।
फिर चाहे खुशी मिले या दु:ख
ये मेरा नसीब है।

✺

भूलना भूलाना तो दिमाग़ का काम है
आप ब्रेफिक रहिए जनाब
आप दिल में रहते हैं।

❋

सिर्फ हाथ पकड़ना जरूरी नहीं होता
उस हाथ को थामे रखना जरूरी होता है।

❋

हम ये नहीं कहते कि तुम्हारे लिए
कोई भी दुआ ना माँगे
हम तो बस यही चाहते हैं कि
कोई दुआ में तुम्हें ना माँग ले।

❋

स्याही जैसी हो, तुम मेरे जिन्दगी में
तेरे बिना मैं खाली पेन सा लगता हूँ।

❋

इश्क की कोई उम्र नहीं होती
न कोई दौर होता है
इश्क तो इश्क है
जब होता है, तब बेहिसाब होता है।

❋

कितनी कातिल है, ये आरजू जिन्दगी की
मर जाते हैं, किसी पर लोग जीने के लिए।

❋

इश्क़ है... इक गहरा समन्दर

गलत सुना था कि इश्क निगाहों से होता है।
दिल तो वो भी चुरा लेते हैं जो पलकें नहीं उठाते।

❋

इश्क़-ए-गुलाब
काँटो से घिरा रहता है।
फिर भी खिला ही रहता है।

❋

मुझे थोड़ी देर और
रोकने का बहाना बना लेना।
मैं अगर ना कहूँ तो
अपने सीने से लगा लेना।

❋

तीखा पसन्द ना था, मुझे
इन तीखी निगाहों में
ना जाने कैसे उलझ गये।

❋

देखने के लिए पूरी कायनात भी कम है
लेकिन सुकून के लिए
सिर्फ तेरा चेहरा ही काफी है।

❋

इतनी मोहब्बत हो गयी है
आपसे कि,जीने के लिए साँसों की नहीं
आप की जरूरत है।

❂

मुझसे इश्क है या नहीं
मुझे नहीं पता
पर तुम्हें मुस्कुराते देखकर
एक अजीब सा सुकून मिलता है।

❂

दिल करता है, तुमसे लिपट कर तुझको बताऊँ
कितना दर्द होता है
तुमसे दूर रहकर जीने में।

❂

गुस्सा होकर भी फिक्र करना
सच्ची मोहब्बत की निशानी है।

❂

कभी- कभी हमे दवा की नहीं किसी के साथ की जरूरत होती है।

❂

जरूरी नहीं की, हर वक्त
इश्क में बाँहो के ही सहारे मिले...
किसी को जी भरके,
महसूस करना भी मोहब्बत है।

❂

जो हो गया, उसे सोचा नहीं करते
जो मिल गया, उसे खोया नहीं करते।
होती है, हासिल मंजिल उन्हें
जो वक्त और हालात पर रोया नहीं करते।

❂

हम तुम्हें कभी खुद से
जुदा नहीं होने देंगे।
तुम देर से मिले,
इतना नुकसान काफी है।

❂

होता होगा तुम्हारे यहाँ,समुन्दर गहरा
हमारे यहाँ आज भी,
इश्क से
गहरा कुछ नहीं।

❂

हम तो तेरी,
एक झलक पाने को तरस जाते हैं।
कितने खुश किस्मत होगे वो लोग जो,
तुम्हें रोज देखते हैं।

❂

जो रिश्ता दोनों तरफ से निभाया जाए
वही कामयाब होता है, साहब एक तरफ से सेंककर तो रोटी भी नहीं बनती।

❂

बात तो सिर्फ, जज़्बातों की है, साहब
वरना मोहब्बत तो
सात फेरों के बाद भी नहीं होती।

❂

अगर तूने मुझे
हजारो में चुना है, तो सुन
लाखों की भीड़ में
हम भी, तुझे खोने नहीं देंगे।

❂

सिलसिला आज भी वही जारी है।
तेरी याद मेरी नींदो पर भारी है।

❂

वो पूछती है, याद तो रखोगे ना
मैं ये सोचता रहा की कैसे भूल पाऊँगा उसे

❂

तुम शहर की रियायत से
अंजान हो दोस्त
यहाँ याद रहने के लिए
याद दिलाना पड़ता है।

❂

अगर रुक जाए मेरी धड़कन तो,
मौत न समझना
कई बार ऐसा हुआ है
उसे याद करते- 2

❁

भूल गये हो चाहने वालों
या यादें भी मँहगी
कर दी है सरकार ने।

❁

फिर वही शख्स, फिर वही यादें
हमसे कुछ भी अब नया नहीं होता।

❁

मैं खुश हूँ कि
कोई मेरी बात तो करता है।
बुरा कहता है, तो क्या हुआ
वो याद तो करता है।

❁

यादों में बड़ी ताकत होती है
वो बीते हुए कल को
आज में जिन्दा रखती है।

❁

अगर कोई आपसे उम्मीद करता है
तो ये उसकी मजबूरी नहीं
आपके साथ लगाव और विश्वास है।

✺

हमारे पास तो सिर्फ तेरी यादें हैं
जिन्दगी तो उसे मुबारक हो जिसके पास तू है।

✺

यह जिन्दगी तो जीने के लिए बनी थी
और मैंने तो इसे
किसी के याद और इंतजार में ही बिता दी।

✺

एक ही सवाल है आपसे
वो शख्स कैसे जिये तुम्हारे बिन
जिसकी जिन्दगी ही आप हो।

✺

जो धोखा दे गया
उसकी यादों में मरने से अच्छा है कि
जो पास है उनके साथ
जी लिया जाए।

✺

इश्क़ है... इक गहरा समन्दर

सोते तो वो लोग हैं
जिसके पास यादें नहीं होती
यूँ आँखें बन्दकर लेने से
नींद नहीं आती।

✺

अगर वो याद नहीं करते
तो आप ही उन्हें याद कर लो
रिश्ते निभाते वक्त
मुकाबला नहीं किया जाता।

✺

सुलगते रहते हैं
तेरी याद में हम
और लोग पूछते हैं
हमें ठण्ड क्यूँ नहीं लगती।

✺

जो इस दुनिया में नहीं मिलते वो फिर
किस दुनिया में मिलेंगे। यही सोचकर भगवान ने एक दुनिया बनाई, जिसे
ख्वाब कहते हैं।

✺

जिन्दगी के हर मोड़ पर मुझे तेरा साथ चाहिए
वक्त कितना भी बुरा हो कट जायेगा
बस मेरे हाथों में मुझे
तेरा हाथ चाहिए।

✺

छिप जा तू इन आँखों में कुछ पल के लिए
मैं बन्द कर लूँ
और सो जाऊ उम्र भर के लिए।

✦

बेहद इश्क हो रहा है आपसे
बताइये क्या किया जाए।
रोके खुद को
या होने दिया जाए।

✦

नहीं आता तेरी मोहब्बत को छिपाना मुझे
तेरी खुशबू मेरी हर शायरी में बसा करती है।

✦

मिलेंगे सैकड़ो चाहने वाले
जब तक है रूप का सागर
मगर तुम एक ऐसे शख्स को रखना
जो झुर्रियों में भी तुम्हें चूम ले आकर।

✦

हमने एक उम्र गवाँ दी
तेरी चाहता में।
कितना खुशकिस्मत होगा
तुम्हें मुफ्त में पाने वाला।

✦

इश्क़ है... इक गहरा समन्दर

यूँ ही नहीं आती मिठास रिश्तो में
गुलकन्द के लिए
फूलों को मरना पड़ता है।

✺

आँसू एक अजीब कहानी है
खुशी और गम दोनों की निशानी है।
समझने वाले के लिए अनमोल है, और ना समझने वालो के लिए पानी है।

✺

वजह कुछ और थी
वो कुछ और ही बताते रहे।
अपने थे इसलिए
कुछ ज्यादा ही सताते रहे।

✺

वो एक सबक ही था
जिन्दगी का
हमें लगा
मोहब्बत थी।

✺

कुछ बातों से अन्जान बने रहना ही अच्छा होता है।
कभी-2 सबकुछ जान लेना भी
बहुत तकलीफ देता है।

✺

तुम्हें शिकायत है कि
हम इतना हँसते क्यों है।
तुम्हें पता नहीं हम किसी को
भूलना चाहते हैं।

✸

लोग बेवजह ढूँढ़ते हैं
खुदकुशी के तरीके हजार
इश्क करके क्यों नहीं देख लेते
वो एक बार।

✸

बहुत मुश्किल से पाया है तुम्हें
अब खोना नहीं चाहते
तुम्हारे ही थे, तुम्हारे ही हैं,अब किसी और का होना नहीं चाहते।

✸

मुझ पर अपना इश्क यूँ ही
उधार रहने दे
बड़ा हसीन है, ये कर्ज मुझे अपना कर्जदार रहने दे।

✸

ना तू रूह, ना तू धड़कन
ना साँसों की डोरी है
फिर भी जिन्दा रहने के लिए तू
इतनी क्यों जरूरी है।

✸

इश्क़ है... इक गहरा समन्दर

ना किसी का पैसा
ना किसी की जान चाहिए।
जो मुझे समझ सके
बस ऐसा एक इंसान चाहिए।

❂

बिन तेरे बिना हर खुशी अधूरी है
सोच तू मेरे लिए कितनी जरूरी है, बहुत ही खुबसूरत है
तेरे एहसास की खुशबू
जितना भी तुझे सोचते हैं, उतना ही महक जाते हैं।

❂

जिन्दगी में खास जगह होती है उनकी
जिससे आप पहली बार प्यार करते हैं।
पर वो
आपकी जिन्दगी बन जाते हैं
जिससे आप आखरी बार प्यार करते हैं।

❂

कितने चेहरे हैं इस दुनिया में
पर, हमको एक ही चेहरा नजर आता है
दुनिया को हम क्यों देखें
तुझे देखने से हमे फुर्सत ही नहीं मिल पाता है।

❂

डॉक्टर से इश्क करना, आसान नहीं साहब
मैं फीलिंग बताती हूँ
वो मेडिसिन लिख देता है।

❂

मेरा हाथ थामे रखना
दुनिया में भीड़ भारी है।
मैं कहीं खो ना जाऊँ
ये ज़िम्मेदारी तुम्हारी है।

✵

हटा तो हाथ आँखों से तुम को जानते हैं हम
तुम्हारी आहट से ही नहीं बल्कि
एहसासों से भी तुम्हें पहचानते हैं हम।

✵

मोहब्बत किससे कब हो जाए
अंदाजा नहीं होता, दोस्तों ये वो घर है, जिसका कोई दरवाजा नहीं होता।

✵

ये इश्क का वहम
ना जाने क्या-2 करवाता है। सामने नहीं है, पर हर जगह नजर आता है।

✵

बात ये नहीं कि आपको मोहब्बत है।
बात ये है कि आपकी मोहब्बत मैं हूँ।

✵

कभी मतलब के लिए
तो कभी बस दिल्लगी के लिए
हर कोई मोहब्बत ढूँढ़ रहा है
अपनी ज़िन्दगी के लिए।

✵

इश्क़ है... इक गहरा समन्दर

मोहब्बत किसे कहते हैं, मालूम नहीं है। बस तुम करीब ना हो तो
धड़कने थम सी जाती है।

✺

किसी को आशिकी तो
जन्नत-ए-इश्क में बात अजीब होती है, किसी को शायरी नसीब होती है।

✺

बात इतनी सी थी कि तुम अच्छे लगते थे।
अब बात इतनी बढ़ गई कि तुम बिन कुछ
अच्छा नहीं लगता।

✺

तुझे छेड़ने का मन करता है
पर छोड़ने का कभी नहीं।
प्यार करते हैं आपसे साहब मजाक नहीं।

✺

जिन्दगी में एक-दूसरे के जैसा
होना जरूरी नहीं होता, एक-दूसरे के लिए होना जरूरी होता है।

✺

सुनो बस इतना कहना है तुमसे
मोहब्बत से ज्यादा मोहब्बत है तुमसे

✺

वो पूछते हैं हमसे कि
हमें क्या हुआ है?
कैसे बताएँ उन्हें कि
उन्हीं से इश्क हुआ है।

⁕

कुछ प्यार कहते हैं
कुछ आशिकी कहते हैं।
तो कुछ लोग उसे बन्दगी कहते हैं।
मगर जिसके साथ हम मोहब्बत करते हैं
हम उन्हें अपनी जिन्दगी कहते हैं।

⁕

जाओ ढूँढ़ लो हमसे ज्यादा प्यार करने वाला, मिल जाए तो खुश रहना और ना मिले तो
हम फिर भी तुम्हारे हैं।

⁕

गजब है मेरे दिल में तेरा वजूद
मैं खुद से दूर
तू मुझमें मौजूद।

⁕

सहमी सी निगाहों में
ख्वाब हम जगा देंगे।
सूनी सी राहों में फूल हम बिछा देंगे।
हमारे संग मुस्कुराकर तो देखिये
हम आपका हर गम भूला देंगे।

⁕

इश्क़ है… इक गहरा समन्दर

अन्जान है, अन्जान ही रहने दो, किसी की यादों में पल-2 यूँ ही मरने दो
क्यों बदनाम करते हो, हमारा नाम लेके, अब तो इस नाम को बे-नाम ही रहने
दो।

✺

अजीब सी कशिश है तुझमें
कि हम तेरे ख्वाबों में खोये रहते हैं।
ये सोचकर की तुम ख्वाबों में आओगी हम दिन मे भी सोए रहते हैं।

✺

हर छलकती बोतल शराब नहीं होती,
हर खिलती हुई कली गुलाब नहीं होती।
चाहते तो हम भी ताजमहल बनवा देते
लेकिन हर एक लड़की मुमताज नहीं होती।

✺

ना जाने कब वो रिश्ता बन गया।
कोई अन्जान
ना जाने कब अपना बन गया, हमें एहसास भी ना हुआ, और कोई हमारी
जिन्दगी की जरूरत बन गया।

✺

चाहकर भी जुदा ना रह सकोगे
रूठकर भी खफा ना रह सकोगे
हम प्यार ही कुछ ऐसे निभायेंगे
आप हमारे बिना एक पल भी ना रह सकोगे।

✺

दिल जब टूटता है तो
आवाज नहीं आती।
हर किसी को मोहब्बत
रास नहीं आती।
ये तो अपने-2 नसीब की बात है
कोई भूलता नहीं और
किसी को याद ही नहीं आती।

❂

अजनबी कोई शख्स यार हो जाता है।
खूबियों से
सदा
कभी-2 खामियों से भी अक्सर प्यार हो जाता है।

❂

अब भी ताजा है जख्म सीने में
बिन तेरे क्या रखा है, जीने में हम तो जिन्दा हैं, तेरा साथ पाने को
वरना देर कितनी लगती है, जहर पीने में।

❂

एक अजनबी से मुझे इतना प्यार क्यों है
इन्कार करने पर चाहत का इकरार क्यों है।
उसे पाना नहीं मेरी तकदीर में
शायद फिर हर मोड़ पे उसी का इंतजार क्यों है।
माना कि हम इजहार नहीं करते
मतलब ये नहीं कि आपका खयाल नहीं करते
मायूसी में बीत जाते हैं, वो दिन
जिस दिन आप हमसे बात नहीं करते।

❂

ना खुदा दिल बनाता, ना किसी की याद आती
ना किसी से प्यार होता, ना किसी का इंतजार होता
दिल दिया है, इसे संभाल कर रखना
शीशे से बना है, पत्थर से दूर रखना।

✵

दिल को मनाना आसान नहीं होता।
अपनो को सताना आसान नहीं होता
वादा करना आसान होता है
मगर वादा निभाना आसान नहीं होता।

✵

वो एक पल ही सही
जिसमें तुम मिल जाओ मुझे
और उस एक पल से ज्यादा
जिन्दगी की ख्वाहिश भी नहीं मुझे।

✵

हर सपना खुशी पाने से पूरा नहीं होता
कोई किसी के बिना अधूरा नहीं होता।
जो चाँद रोशन करता है, रातभर सबको
हर रात वह भी तो पूरा नहीं होता।

✵

हसरत है सिर्फ पाने की
और कोई ख्वाहिश नहीं इस दिवाने की
शिकवा मुझे तुमसे नहीं खुदा से है
क्या जरूरत थी
तुम्हें इतना खूबसूरत बनाने की।

✵

लोग अक्सर दुआ करते हैं
की खुदा प्यार करने वालों को कभी जुदा न करें।
पर हम तो हमेशा कहेंगे
कि जो ना हो किस्मत में
खुदा उसे प्यार कभी न करवाये।

✸

अगर प्यार नहीं करना हो तो
दिल को न लगाना, अपना चैन खोकर खुद को न रुलाना।

✸

आपको मिस करना
रोज की बात हो गयी
याद करना आदत की बात हो गयी। दूर रहना किस्मत की बात हो गयी और
आपको भूल जाना हमारे बस के बाहर की बात हो गयी।

✸

मुझे भी सिखा दो
भूल जाने का हुनर
मैं थक गया हूँ हर लम्हा
हर साँस तुम्हें याद करते-2।

✸

ये न समझ कि
मैं भूल गया हूँ, तुझे
तेरी खुशबू मेरी साँसो में आज भी है।
मजबूरियों ने निभाने ना दी मोहब्बत
वरना सच्चाई मेरी वफाओ में आज भी है।

❉

खामोशियों से मिल रहे
खामोशियों के जवाब
अब कैसे कहूँ की उनसे
मेरी बात नहीं होती।

❉

तुम्हारी आँखों में बसा है
आशियाना मेरा।
अगर जिन्दा रखना चाहो तो
कभी आँसू मत लाना।

❉

लोग पूछते हैं
कौन-सी दुनिया में जीते हो।
हमने भी कह दिया
मोहब्बत में दुनिया में जीते हैं।

❉

वो खुद पर गुरूर करते हैं
तो इसमें हैरत की कोई बात नहीं।
जिन्हें हम चाहते हैं
वो आम हो ही नहीं सकते।

❁

छुपे-2 से रहते हैं
सरेआम नहीं हुआ करते।
कुछ रिश्ते बस एहसास होते हैं उनके नाम नहीं हुआ करते।

❁

नकाब तो उनका
सिर से लेकर पाँव तक था।
मगर आँखें बता रही थी
कि मोहब्बत की शौकीन तो वो भी थी।

❁

जरूरी तो नहीं
जो खुशी दे उसी से प्यार हो।
क्यूँकि
सच्ची मोहब्बत तो
अक्सर दिल तोड़ने वाले से ही होती है।
आँसू है आँखों में
पर बह नहीं सकते
दुनिया वालों से डरते हैं
इसलिए कुछ कह नहीं सकते।
पर ये आप भी तो समझते होंगे कि
हम आपके बिना रह नहीं सकते।

❂

वो नाराज हैं हमसे कि
हम कुछ लिखते नहीं।
कहाँ से लाएँ लफ्ज जब हमको मिलते नहीं।
दर्द की जुबान होती तो बता देते शायद
वो जख्म कैसे दिखाएँ जो दिखते नहीं।

❂

लगता है, तुम्हें नजर में बसा लूँ
औरों की नजरों से तुम्हें बचा लूँ
कहीं चूरा ना ले
तुम्हें मुझसे कोई
आ तुझे मैं अपनी धड़कन में छुपा लूँ।

❂

तुम हँसो तो खुशी मुझे होती है।
तुम रूठो तो आँखे मेरी रोती है।
तुम दूर जाओ तो बैचेनी मुझे होती है।
महसूस करके देखो मोहब्बत ऐसी होती है।

❊

जिन्दगी की राह में मिले होगे
हजारो मुसाफिर तुमको
जिन्दगीभर ना भुला पाओगे
वो मुलाकात हूँ मैं।

❊

किसी को याद करने की
हर बार कोई वजह नहीं होती।
जो सुकून देते हैं वो
जहन में बस जाया करते हैं।

❊

छू जाते हो, कितनी दफा तुम ख्वाब बनकर
कौन कहता है दूर रहकर मुलाकाते नहीं होती।

❊

बहुत खूबसूरत है
तेरे साथ जिन्दगी का सफर
तुम वहाँ से याद करते हो तो
हम यहाँ से मुस्कुराते हैं।

❊

प्यार वो है जो जज़्बात को समझे

मोहब्बत वो है जो एहसास को समझे

मिलते हैं जहाँ में बहुत अपना कहने वाले, पर अपना वो है जो बिन कहे हर बात समझे।

तुम्हारे दिल में कैद हैं

हमारी धड़कने

धड़कते रहना वरना

मर जायेंगे हम।

मत पूछो कैसे गुजरता है

हर पल तेरे बिना

कभी बात करने की तमन्ना

कभी देखते की हसरत।

जिस दिल में रहते हो

वो दिल कभी तोड़ मत देना

बहुत यकीन है तुम पर

कभी अकेला छोड़ मत देना।

सपना है आँखों में, मगर नींद कहीं और है, दिल तो है जिस्म में, मगर धड़कता
कहीं और है,
कैसे बयाँ करें, हाल-ए-दिल
जी तो रहे हैं, मगर जिन्दगी कही और हैं।

❖

जान से ज्यादा चाहते हैं, आपको
हर खुशी से ज्यादा माँगते है आपको
अगर कोई कहे कि प्यार की हद होती है, तो उस हद से भी ज्यादा चाहते हैं
आपको।

❖

जिन्दगी एक लहर थी
फिर आप हासिल हुए।
न जाने कैसे हम आपके काबिल हुए
न भूल पाएँगे, कभी उस हसीं पल को
जब आप हमारी जिन्दगी में शामिल हुए।
फिक्र अब अपनी छोड़ दी मैंने
क्योंकि
तुम जो हो मेरा खयाल रखने के लिए।

❖

तेरे दीदार का नशा भी अजीब है
तू ना दिखे तो दिल तड़पता है
और
तू दिखे तो नशा और चढ़ता है।

❖

इश्क़ है... इक गहरा समन्दर

करीब आओ जरा कि तुम्हारे बिना, जीना है, मुश्किल दिल को तुमसे ही नहीं,
तुम्हारी हर अदा से मोहब्बत है।

✦

उदास हूँ पर तुझसे नाराज नहीं
तेरे दिल में हूँ पर तेरे पास नहीं
झूठ कहूँ तो सब कुछ है मेरे पास
और सच कहूँ तो
तेरे सिवा कुछ नहीं है खास।

✦

सब कुछ है मेरे पास, पर दिल की दवा नहीं।

✦

दूर है वो मुझसे पर खफा नहीं।
आज भी प्यार करती है, जो मुझसे
थोड़ी जिद्दी है, पर बेवफा नहीं।

✦

कह दो अपनी यादों से की
यूँ हमे तड़पाया ना करें
हमेशा चली आती है अकेले ही
कभी तुम्हें भी तो साथ लाया करे।

✦

अजनबी बनकर आए थे वो
जाने कब मेरी पहचान बन गये।
कहाँ कोई रिश्ता था उनसे
देखते ही देखते मेरी जान बन गये।

❊

तुम्हारे दिल में कैद है हमारी धड़कने
धड़कते रहना, वरना मर जायेंगे हम।

❊

प्यार कहते हैं
आशिकी कहते हैं।
कुछ लोग उसे बन्दगी कहते हैं।
मगर जिसके साथ हमें मोहब्बत
हम उन्हें अपनी जिन्दगी कहते हैं।

❊

इससे ज्यादा और कितना करीब लाऊँ तुम्हें
तुम्हें दिल में रखकर भी, मेरा दिल नहीं भरता।

❊

दिल में उसकी चाहत और
लबों पे उसका नाम है।
वो वफा करें या ना करें
जिन्दगी अब उसी के नाम है।

❊

इश्क़ है... इक गहरा समन्दर

कैसे कहूँ कि इस दिल के लिए, कितने खास हो तुम, फासले तो कदमों के हैं
पर
हर वक्त दिल के पास हो तुम।

❈

एक बार ही बहकती है
ये नजरें किसी को देखकर
ये इश्क है साहब
सौ बार नहीं होता।

❈

नशा था तेरे प्यार का जिसमें हम खो गये, हमें भी
नहीं पता चला कब हम तेरे हो गये।

❈

क्या फर्क है दोस्ती और मोहब्बत में
रहते तो दोनों दिल में ही
बरसों बाद मिलने पर
दोस्ती सीने से लगा लेती है
और मोहब्बत नजर चुरा लेती है।

❈

तुमने ही सफर कराया था
मोहब्बत की कश्ती का
अब नजरें क्यों चुराते हो
मुझे डूबता देखकर।
तुम मोहब्बत के सौदे भी
अजीब करते हो।
बस मुस्कुरा देते हो
और अपना बना लेते हो।

उसका वादा भी अजीब था
कि जिन्दगी भर साथ निभायेंगे
मैंने भी ये नहीं पूछा की
मोहब्बत के साथ या यादों के साथ।

तुम अगर भूल भी जाओ तो
ये हक है तुम को मेरी बात और है मैंने तो मेहब्बत की है।

चाहत की कोई हद नहीं होती
सारी उम्र भी बीत जाए तो
मोहब्बत कभी कम नहीं होती।

इश्क़ है... इक गहरा समन्दर

कुछ ही पलो में जिन्दगी की तस्वीर बदल जाती है। कुछ ही पलों में, जिन्दगी
की तकदीर बदल जाती है।
कभी किसी को अपना बनाकर
दूर मत जाना
क्योंकि एक ही जुदाई से
किसी की पूरी जिन्दगी बिखर जाती है।

❋

खुश्बू कैसे ना आये
मेरी बातों से यारों, मैंने बरसो से एक ही फूल से, जो मोहब्बत की है।

❋

तू नाराज न रहाकर
तूझे वास्ता है खुदा का
एक तेरा ही चेहरा खुश देखकर तो
हम अपना गम भुलाते हैं।

मेरा वजूद नहीं, किसी तलवार और तख्त-ओ-ताज का मोहताज, मैं अपने
हुनर और होंठों की हँसी से
लोगों के दिल पे राज करता हूँ।

❋

खुशी कहाँ हम तो गम चाहते हैं।
खुशी उन्हें दे दो, जिन्हें हम चाहते हैं।

❋

गिरते हुए आँसूओ को कौन देखता है
झूठी मुस्कान के दिवाने हैं सब।

✸

आज तो दिल भी धमकियाँ दे रहा है।
कर याद उसे वरना धड़कना छोड़ दूँगा।

✸

तुम्हें नींद नहीं आती तो
कोई और वजह होगी।
अब हर ऐब के लिए कसूरवार मेरा इश्क तो नहीं।

✸

अपने अंदाज से ही लोगों के दिलों पे
राज किया जाता है चेहरे का क्या? वो तो किसी भी हादसे से बदल सकता है।

✸

बहुत मुश्किलों के बाद
पत्थर का बना हूँ।
मैं जीना चाहता हूँ
यारों मुझे मोम ना करो।

✸

कितने खूबसूरत हुआ करते थे बचपन के वो दिन।
के सिर्फ दो उँगलियाँ जुड़ने से
दोस्ती फिर शुरू हो जाती थी।

✸

इश्क़ है... इक गहरा समन्दर

इजहार-ए-मोहब्बत में
यूँ लफ्जों का इस्तेमाल ना कर
मैं आँखों से सुन लूँगा
तू नजरों से बयान तू कर।

***

अभी शीशा हूँ टूटा हूँ तो
बहुत चुभता हूँ सबको।
कल आईना बनूँगा तो
मुझमें सब खुद को तलाशेंगे।

***

मोहब्बत भी अजीब चीज बनाई तूने
ऐ मेरे खुदा।
तेरे ही बन्दे, तेरे ही सामने रोते हैं। पर तुझे नहीं किसी और को पाने के लिए।

***

दो पल की जिन्दगी है
इसे जीने के दो उसूल बना डालो।
रहो तो फूलों की तरह
और बिखरो तो खुशबू की तरह।

***

मयखाने से बढ़कर कोई जमीन नहीं।
जहाँ सिर्फ कदम लड़खड़ाते हैं, जमीर नहीं।

***

उड़ा भी दो सारी रंजिशे
इन हवाओं में यारो।
छोटी सी जिन्दगी है नफरत कब तक करोगे।
घमण्ड न करना जिन्दगी में तकदीर बदलती रहती है।
शीशा वही रहता है बस तस्वीर बदलती रहती है।

✹

जिन्दगी कभी आसान नहीं होती इसे आसान बनाना पड़ता है।
कुछ नजर अंदाज करके
कुछ बर्दाश्त करके।

✹

नींद से क्या शिकवा
जो आती नहीं रातभर।
कसूर तो उस खयाल का है
जो सोने नहीं देता।

✹

चेहरे की सारी रौनक उड़ जायेगी साहब
हँसते रहिए जब तक इश्क नहीं होता।

✹

काश तुझे भी जरूरत हो मेरी तरह
और..
मैं नजर अंदाज करूँ, तुम्हारी तरह।

✹

मैं प्यार हूँ, तेरा मजहब नहीं, यूँ नाम से मेरे, दंगे न किया कर।

✹

इश्क है... इक गहरा समन्दर

इजाजत हो तो एक बात पूछूँ
जो हमसे इश्क सीखा था।
वो अब तुम किससे करते हो।

❁

दोस्त को दौलत की निगाह से मत देखो
वफा करने वाले दोस्त अक्सर गरीब हुआ करते हैं।

❁

प्यार का रिश्ता इतना मजबूत होना चाहिए की
कभी तीसरे की वजह से ये रिश्ता ना टूटे।

❁

वो लफ्ज कहाँ से लाऊँ
जो तेरे दिल को मोम कर दे।
मेरा वजूद पिघल रहा है
तेरी बेरूखी से।

❁

अब इश्क भी करो तो जात पूछकर करना।
मजहबी झगड़ो में मोहब्बत हार जाती है।

❁

वो मिली भी तो स्कूल में, अब तुम ही बताओ
यारो हम पढ़ाई करते या मोहब्बत।

❁

ठोकरे खाकर भी ना सम्भले, तो मुसाफिर का नसीब
वरना पत्थरों ने तो अपना फर्ज निभा ही दिया।

❀

शुक्र करो कि दर्द सहते हैं
लिखते नहीं।
वरना कागजो पे लफ्जों के जनाजे उठते।

❀

"दिमाग" से बनाये गये रिश्ते
बाजार तक चलते हैं, दिल से बनाये गये रिश्ते शमशान तक चलते हैं।

❀

हर पल झूमती है, ये आँखें उनकी यादों के नशे में
और लोगों ने रिवाज बना लिया टोकने का
कि थोड़ा कम पिया करो।

❀

काश! तुम भी हो जाओ तुम्हारी यादों की तरह
ना वक्त देखो, ना बहाना, बस चले आओ।

❀

सिर्फ इतना सा चाहता हूँ
तुमसे
दिल से प्यार करना मुझे
दिमाग से नहीं।

❀

इश्क है... इक गहरा समन्दर

एक आँसू भी गिरता है तो
लोग हजार सवाल करते हैं।
ऐ बचपन लौट के आ, मुझे खुलकर रोना है।

✺

अगर फितरत हमारी
दर्द सहने की नहीं होती।
तो हिम्मत भी तुम्हारी
हमें दर्द देने की नहीं होती।

✺

कभी किसी के चेहरे को मत देखो, बल्कि उसके दिल को देखो।
क्योंकि अगर "सफेद" रंग में वफा होती तो
"नमक" जख्म की दवा होती।

✺

मेरी बात सुन पगली
अकेले हम ही शामिल नहीं हैं, इस जुर्म में
जब नजरें मिली थी
तो मुस्कराई तू भी थी।

✺

किसी और के दीदार के लिए
उठती नहीं ये आँखे
बेईमान आँखों में थोड़ी सी
शराफत आज भी है।

✺

मगर कोशिश ये जरूर है
कि कोई बुरा ना कहे ।

✷

ख्वाहिश ये बेशक नहीं कि
"तारीफ" हर कोई करे, अपनापन छलके जिसकी बातों में
सिर्फ कुछ ही लोग होते हैं, लाखों में ।

✷

जिन्दगी हमारी यूँ सितम हो गई
खुशी ना जाने कहाँ दफन हो गई ।
लिखी खुदा ने मुहब्बत सबकी तकदीर में
हमारी बारी आई तो स्याही खत्म हो गई ।

✷

मत फेंक पानी में पत्थर
उसे कोई और भी पीता है ।
मत रहो यूँ उदास जिन्दगी में
तुम्हें देखकर भी कोई जीता है ॥

✷

उन जख्मों को भरने में
वक्त तो लगता है, जिनमें शामिल हो, अपनों की मेहरबानियाँ ।

✷

अजब मुकाम वे ठहरा हुआ है
काफिला जिन्दगी का ।
सुकून ढूँढ़ने चले थे
नींद ही गवाँ बैठे ।

✷

इश्क है... इक गहरा समन्दर

मिट जाएगा गुनाहो का तसब्बुर इस जहाँ से
अगर हो जाए यकीन कि
खुदा देख रहा है।

❂

आदमी ही आदमी का "रास्ता" काट रहा है।
बिल्लियाँ तो बस नाम से ही बदनाम है।

❂

मैं अजीज तो था सबका, मगर "जरूरत" के लिए।

❂

मैं अपनी जिन्दगी में हर किसी को
अहमियत देता हूँ।
क्योंकि जो अच्छे होंगे वो साथ देंगे,
और जो बुरे होंगे वो
सबक देंगे।

❂

दूर हो जाने की तलब है
तो शौक से जा, बस याद रहे कि मुड़कर देखने की आदत इधर भी नहीं।

❂

अजीब मेरा अकेलापन है
तेरी चाहत भी नहीं
और तेरी जरूरत भी है।

❂

किसी की याद में
इतना उदास भी न होना दोस्तों
लोग नसीब से मिला करते हैं
उदासियो से नहीं ।

❂

यह कैसी लगन तुमने हमको लगा दी ।
सोचा था प्यास बुझेगी तुमने और बढ़ा दी ॥

❂

दिल था अकेला और गम थे हजारों
अकेले को मिलकर हजारों ने लूटा ।

❂

शौक से बदल जाओ तुम
मगर ये जहन में रखना की ।
हम जो बदल गये तो
तुम करवटें बदलते रह जाओगे ।

❂

आज गुमनाम हूँ तो फासला रखा है मुझसे
कल मशहूर हो जाऊँ तो
कोई रिश्ता मत निकाल लेना ।

❂

मैं तोड़ लेता अगर तू गुलाब होती
मैं जवाब बनता अगर तू सवाल होती ।
सब जानते हैं मैं नशा नहीं करता
मगर मैं भी पी लेता अगर तू शराब होती ।

❂

इश्क़ है... इक गहरा समन्दर

कितना खौफ होता है, उन रात के सन्नाटों में
पूछा उन परिन्दों से
जिनके घर नहीं होते।

कमाल है ना
आँखे तालाब नहीं, फिर भी भर आती है।
और इंसान मौसम नहीं फिर भी बदल जाते हैं।

तुझे कोई और भी चाहे
इस बात से छौड़ा जलता है।
पर फिकर है मुझे इस बात पे कि
हर कोई मेरी पसन्द पे ही मरता है।

आज ये पल है, कल बस यादें होंगी। जब ये पल ना होंगे तब सिर्फ बातें होंगी,
जब पलटोगे जिन्दगी के पन्नों को तो कुछ पन्नों पर आँखें नम और
कुछ पर मुस्कुराहटे होंगी।

वो मुझसे पूछती है
ख्वाब किस-2 की देखते हो।
बे-खबर जानती ही नहीं
यादें उसकी सोने कहाँ देती है।

वो भी क्या दिन थे
जब बेचैन होता था तेरे घर के सामने
साइकिल की चैन उतारकर
अक्सर तुझे चैन से देखता था।

❂

आज जिस्म में जान है तो
देखते नहीं हैं लोग।
जब रुह निकल जाएगी तो
कफन हटा-2 कर देखेंगे लोग।

❂

बिकती है न खुशी कहीं, न कहीं गम बिकता है।
लोग गलतफहमी में हैं कि
शायद कहीं मरहम बिकता है।
इंसान ख्वाहिशों से बँधा हुआ एक जिद्दी परिन्दा है
उम्मीदों से ही घायल है
उम्मीदों पर ही जिन्दा है।

❂

लोग कहते हैं
जब कोई अपना दूर चला जाता है तो
बड़ी तकलीफ होती है।
पर ज्यादा तकलीफ तो तब होती है, जब कोई
अपना पास होकर भी दूरियाँ बना ले।

❂

इश्क़ है... इक गहरा समन्दर

लोग कहते हैं कि किसी एक के चले जाने से
जिन्दगी अधूरी नहीं होती ।
लेकिन लाखों के मिल जाने से
उस एक की कमी पूरी नहीं होती ।

❂

जब तक साँस है टकराव मिलता रहेगा ।
जब तक रिश्ते हैं घाव मिलता रहेगा ।
पीठ पीछे जो बोलते हैं उन्हें पीछे ही रहने दे ।
रास्ता सही है तो गैरों से भी लगाव मिलता रहेगा ।

❂

ये मत समझना कि काबिल नहीं हैं हम
वो आज भी तड़प रहे हैं
जिन्हें हासिल नहीं हैं हम ।

❂

हमने कभी किसी को
अपने दिल से दूर नहीं किया ।
बस जिसका दिल भर गया
वो हमसे दूर हो गये ।

❂

निभाते नहीं हैं लोग आजकल, वरना इंसानियत से बड़ा रिश्ता कौन सा है ।

❂

बहुत रोई होगी वो खाली कागज देखकर
खत में उसने पूछा था
"जिन्दगी" कैसे बीत रही है।

❂

अंदर कोई झाँके तो टुकड़ों में मिलूँगा
यह हँसता हुआ चेहरा तो जमाने के लिए हैं।

❂

मुझे ढूँढ़ने की कोशिश
अब न किया कर।
तूने रास्ता बदला
तो मैंने मंजिल बदल ली।

❂

अकेले आये थे, और अकेले ही चले जायेंगे, हाँ! कुछ लोग जरूर मिले थे,
दुनिया में
जो कह रहे थे
मरते दम तक साथ निभायेंगे।

❂

एक आँसू भी गिरता है
तो लोग हजार सवाल करते हैं। ऐ बचपन लौट आ मुझे खुलकर रोना है

❂

शायर बनना बहुत आसान है
बस एक अधूरी मोहब्बत की मुकम्मल डिग्री चाहिए।

❂

इश्क़ है... इक गहरा समन्दर

सुनो ना हम पर मोहब्बत नहीं आती तुम्हें
रहम तो आता होता ना

✺

गुस्सा बहुत हो गये हमसे
मोहब्बत हो गई क्या?

✺

कोई ठुकरा दे तो भी हँसकर जी लेना।
क्यूँकि
मोहब्बत की दुनिया में
जबरदस्ती नहीं होती।

✺

चाहने वाले हजारों हैं, मेरे
ये दो चार दुश्मनों से मुझे फर्क नहीं पड़ता।

✺

लहजा समझ में आ जाता है
मुझे हर किसी का।
बस उन्हें शर्मिन्दा करना
मेरे मिजाज में नहीं।

✺

कागजों पे लिखकर वक्त जाया कर दूँ
मैं वो शख्स नहीं
मैं तो शायर हूँ, वो
जिसे दिलों पे लिखने का हुनर आता है।

❉

बेवजह ही दुश्मनी हो जाती, अपनों से भी
लगता है, ज्यादा सच्चा होना भी ठीक नहीं।

❉

पलट कर जवाब देना, बेशक गलत बात है
लेकिन सुनते रहो तो लोग बोलने की हदें भूल जाते हैं।

❉

सुनो ना
मेरा अंदाज ही मेरी पहचान है
वरना मेरे नाम के तो हजारो इंसान है।

❉

मुझसे ना मिल सकेगा मिजाज किसी का। मुझको तो गुलाब भी काले पसन्द
है।

❉

थक गये हैं परवाह करते-2
बड़ा सुकून है, जब से लापरवाह हुए हैं।

❉

मैं सहने की हिम्मत रखता हूँ तो तबाह करने की हैसियत गुजार ऐ चन्दू हूँ,
जानना चाहते हो

मेरे दिल में कौन है।
तो पहला लफ्ज दोबारा पढ़ लो।

❂

लड़ झगड़ कर ही सही....
तुझसे हर समय
उलझे रहना भी तो इश्क ही है।

❂

चाय सा इश्क है, तुमसे
सुबह शाम न मिले तो
सर में दर्द सा रहता है।

❂

तुम बस थामे रहना
हाथ उम्र भर मेरा
मैं कभी नहीं पूछूंगा कि जाना कहाँ है।

❂

रूठने की अदाए भी,
क्या गजब थी, उनकी
गले लगाकर बोले,
बात नहीं करनी मुझे तुमसे...
इतना हसी था, तेरा
ख्वाब में आना
की उठने के बाद भी सोते रहे हम।

❂

जलवे तो बेपनाह थे,
इस कायनात में
लेकिन बात ये है, की
मेरी नजर तुम पर ही ठहर गयी।

❂

रहने दे मुझे यूँ
उलझा हुआ सा तुममे,
सुना है, सुलझ जाने से
धागे अलग-अलग हो जाते हैं।

❂

कह दो कोई उनसे की
अपने जिन्दगी भर का सारा वक्त वो मुझे दे दे।
जी नहीं भरता, अब जरा- 2 सी मुलाकातो से।

❂

तेरे मुस्कुराने का असर
मेरी सेहत पर पड़ता है।
और लोग पूछते है, की
उस दवा का नाम क्या है।

❂

सुनो सनम ऐसे ही
ख्वाबों में चले आया करो।
ना पकड़े जाने का खतरा
ना जाने की जल्दी।

❂

इश्क़ है… इक गहरा समन्दर

कैसे बताये हम तुम्हें
अपने इश्क का अंदाज
मैंने हद में रहकर तुमसे बेहद मोहब्बत की है।

✺

मैंने उन तमाम लोगो से
रिश्ता तोड़ दिया है, पगली
जो तुम्हें भूलने की सलाह दे रहे थे।

✺

बहुत मुश्किल से पाया है, तुम्हें
अब खोना नहीं चाहते
तुम्हारे ही थे, तुम्हारे ही है,
अब किसी और के होना नहीं चाहते।

✺

कुछ यूँ ही चलेगा तेरा मेरा
रिश्ता उम्र भर
मिल जाए तो बाते लम्बी
ना मिले तो यादें लम्बी

✺

काश उनको कभी फुर्सत में
ये खयाल आ जाए की
कोई याद करता है,
उन्हें जिन्दगी समझ कर।

✺

मेरी मोहब्बत का एहसास
कैसे होगा तुम्हें
तेरे लिए रोता हुआ
सिर्फ मेरे खुदा ने देखा है मुझे।

❉

जिन्दगी में जब भी टूटो तो अकेले में टूटना
कमबख्त ये दुनिया
तमाशा देखने में बहुत माहिर है।

❉

हार को भी सहना सीखिए
क्योंकि हर रास्ते पर जीत नहीं लिखी होती।

❉

नींद से भी ज्यादा प्यारे थे..हम उनको कभी
अब आँखे भी खुली हो,
तो बाते नहीं होती।

❉

सोच समझकर ऐतबार किया करो...हमदर्द को दर्द बनते देर नहीं लगती।

❉

तुमने ठीक ही कहा था
दुनिया मतलबी है।
मेरी तो दुनिया ही
तुम थे।

❉

जब - 2 बाते आयी,
सुकून की
मुझे वो आप की,
बाहे याद आ गयी।

✸

यादों की कश्ती के सहारे पार कर लेगे
जिन्दगी का समन्दर...शर्त बस इतनी है कि उस पर सिर्फ तुम मिलो।

✸

याद्दाश्त का कमजोर होना
कोई बुरी बात नहीं है।
बड़े बैचेन से रहते है, वो लोग जिन्हे हर बात याद रहती है।

✸

मुझे नहीं जरूरत
बारिश के उन फुहारो की
मुझे तो उनके यादों की
फुहार भी भिगो देती है।

✸

पाना और खोना तो
कीस्मत की बात है।
मगर चाहते रहना तो
अपने हाथ में है।

✸

मुझे पलको में ना बसाओ पलको में तो सिर्फ सपने बसते है।
अगर बसाना है तो दिल में बसाओ
क्योंकि दिल में सिर्फ अपने बसते है।

❉

सच्चा प्यार वो नहीं...जो सिर्फ दुनिया को दिखाने के लिए होता है...सच्चा प्यार
तो वो है।
जो जिन्दगी भर निभाने के लिए होता है।

❉

प्यार नहीं है, तो
फिर मुझपे नजर क्यूँ रखती है।
मैं किस हाल में जिन्दा हूँ
तू ये सब खबर क्यूँ रखती है।

❉

मेरी शायरी की छांव में आकर बैठ जाते हैं
वो लोग
जो मोहब्बत की धूप में जले होते है।

❉

I................ से बना मैं Love..........से बना प्यार
U...........से बने तुम
I Love You...........।

❉

ना दुनिया ना ही जमाने का सोचा
बस तुम्हें अपना बनाने का सोचा है।

❉

फिक करो उनकी जो तुम्हारी करते हैं
क्योंकि ऐसे लोग..
दुनिया में बहुत कम मिला करते हैं।

✹

मोहब्बत सूरत से नहीं होती
मोहब्बत तो दिल से होती है।
सुरत उनकी खुद ब खुद अच्छी लगने लगती है
जिनकी कद्र दिल में होती है।

✹

रख लूँ नजर में चेहरा तेरा....
दिन रात इसी पे मरते रह। जब तक ये साँसे चलती रहे हम तुमसे मोहब्बत
करते रहे।
दिन चाहे बुरे हो या अच्छे...हमेशा मेरे पास रहना तुम...।

✹

ना कोई किसी से दूर होता है
ना कोई किसी के करीब होता है
खुद चल के आता है,
जब कोई किसी का नसीब होता है।

✹

कितना प्यार है, तुमसे
वो लफ्जो के सहारे कैसे बताऊँ..
महसूस कर मेरे एहसास को
अब इससे बड़ी गवाही कहाँ से लाऊँ।

✹

तेरी चाहत के बिना
मेरी इबादत पूरी नहीं होती है।
तुम साँसे हो, मेरी
तुम बिन मेरी जिंदगी पूरी नहीं होती है।

❀

क्या कहूँ दोस्तो प्यार मेरा कैसा है
वो चांद तो नहीं, चाँद उसके जैसा है।

❀

एक पल के लिए जब तू पास आता है।
मेरा हर लम्हा खास बन जाता है।
संवरने सी लगती है ये मेरी जिन्दगी
जब भी तू मेरी वाहो में मुस्कुराता है।

❀

बिना तुझे तंग किये,
मुझसे रहा नहीं जाता।
और अगर तुझे कोई और तंग करे
तो मुझसे सहा नहीं जाता।

❀

कैसे कहूँ कि इस दिल के लिए
कितने खास हो तुम.।
फासले तो कदमो के है, पर हर वक्त दिल के पास हो तुम।

❀

इश्क़ है... इक गहरा समन्दर

मैंने दिल से कहा
उसे थोड़ा कम याद किया कर।
दिल ने कहा वो सांस है, तेरी
तू साँस ही मत लिया कर।

❂

थोड़ा सा इश्क हमें भी कर लेने दो
जनाब
अगर सब नेक बन गये तो
गुनाह कौन करेगा।

❂

एक तेरे बगैर ही नहीं
गुजर पायेगी मेरी जिन्दगी
बता मैं क्या करूँगा,
सारे जमाने की मोहब्बत लेकर।

❂

बहुत गुमान था, हमें की ...हम बिकने वालो में से नहीं है।
पर तेरे सच्चे इश्क ने खरीद लिया है, हमें।

❂

तुझे पाया तो,
प्यार का मततलब समझ में आया
वरना सिर्फ इस शब्द की
तारीफ ही सुना करते थे, हम....।

❂

ये तो पता है कि
मोहब्बत है, तुमसे
पर कितनी है,
ये तो मुझे भी नहीं पता।

❂

छुपा लो मुझे तुम अपनी साँसों में
कोई पूछो तो बोल देना जिन्दगी है मेरी।

❂

इश्क में खुद की मर्जियाँ नहीं चलती
जो दिल कहे उसे मान लेना पड़ता है।

❂

टूट कर बिखर जाते हैं,
वो लोग
जो मिट्टी की दीवारो की तरह
खुद से भी ज्यादा
किसी और से मोहब्बत किया करते हैं।

❂

गुजर रही है, ये जिन्दगी
बड़े ही नाजुक दौर से
मिलती नहीं तसल्ली
तेरे सिवा किसी और से।

❂

मोहब्बत कब किससे हो जाए
ये अंदाजा नहीं होता।
ये वो घर है
जिसका कोई दरवाजा नहीं होता।

✵

धड़कनो में बसते है, कुछ लोग
जुबां पर नाम लेना, हमेशा जरूरी नहीं होता।

✵

बहुत ही कोशिश कि ..कि अंदाजा मेरे इश्क़ का किसी को ना
पर कहाँ मुमकिन है, दोस्तो
कि आग जले और धुंआ ना हो।

✵

वो कहने लगी,
नकाब में भी पहचान लेते हो हजारो के बीच
मैंने मुस्कुरा के कहा
तेरी आँखों से ही शुरू हुआ था।
"इश्क" हजारो के बीच।

✵

ये आइने नहीं दे सकते
तुम्हें तुम्हारी खुबसूरती की सच्ची खबर
कभी मेरी इन आँखों में झाँक कर देखो
की कितनी हसीन हो।

✵

तेरी आँखों के जादू से...तू खुद नहीं है, वाकिफ
ये उसे भी जीना सीखा देती है...जिसे मरने का शौक हो।

❂

तेरी मोहब्बत भी
किराये के घर की तरह निकली।
कितना भी सजाया
पर मेरी नहीं हो सकी।

❂

बड़ा गजब किरदार है
मोहब्बत का
अधूरी हो सकती है मगर खत्म नहीं।

❂

खोकर पाने का मजा ही कुछ और है।
रोकर मुस्कुराने का मजा ही कुछ और है।
हार तो जिन्दगी का हिस्सा है, मेरे दोस्त
हारने के बाद जीतने का मजा ही कुछ और है।

❂

हस्ती मिट जाती है..आशियाँ बनाने में..बहुत मुश्किल होती है..अपनो को
समझाने में
एक पल में किसी को भूला ना देना
जिन्दगी लग जाती है, किसी को अपना बनाने में

❂

क्यों किसी से इतना प्यार हो जाता है
एक पल का इंतजार भी दुश्वार हो जाता है।
लगने लगते है, अपने भी अन्जान
जब एक अजनबी पर ऐतबार हो जाता है।

❈

भुलाना तुम्हें आसान नहीं होगा
जो भूले तुम्हें तो वो नादान होगा।
आप तो बसते हो दिल में हमारे
आप हमें ना भूलाऐ तो
ये आपका
ऐहसान होना।

❈

दिल एक हो तो
कई बार क्यों लगाया जाए।
बस एक इश्क ही काफी है,अगर निभाया जाए।

❈

अब किसी और से मोहब्बत कर लूँ,
तो शिकायत मत करना।
ये बुरी आदत भी,
मुझे तुझसे ही लगी है।

❈

रिश्वत भी नहीं लेता
कमबख्त जान छोड़ने की
ये तेरा इश्क, मुझे बहुत ईमानदार लगता है।

❈

उसे कह दो
वो अपनी खास हिफाजत किया करे।
बेशक साँसे उसकी है,
मगर जान तो वो हमारी है।
खींच लेती है
मुझे उसकी मोहब्बत हर बार ...वरना मैं बहुत मिला हूँ...आखिरी बार उससे।

❀

उनकी नजर में फर्क आज भी नहीं,
पहले मुड़ कर देखते थे।
अब देखकर मुड़ जाते हैं।

❀

किसी और की बाँहो में रहकर
वो हमसे वफा की बात करते हैं।
यह कैसी चाहत है, यारो
वो बेवफा है।
ये जानकर भी हम उन्हीं से मोहब्बत करते हैं।

❀

कसम दी थी, उसने कभी न रोने की मुझे
यही वजह है, की आज भी मुस्कुराता हूँ।

❀

बड़े शौक से बनाया
तुमने मेरे दिल में अपना घर
जब रहने की बारी आई तो तुमने ठिकाना ही बदल दिया।

❀

इश्क़ है... इक गहरा समन्दर

कई बार ये सोच के दिल मेरा रो देता है
कि पाने की चाहत में
मैंने खुद को भी खो दिया।

✺

काश तु सुन पाता
खामोश सिसकिया मेरी
आवाज करके रोना तो
मुझे आज भी नहीं आता।

✺

फिक तो तेरी आज भी करते हैं
बस जिक्र करने का हक नहीं रहा।

✺

क्या लिखूँ अपनी जिन्दगी के बारे में
वो लोग ही बिछड़ गए
जो जिन्दगी हुआ करते थे।

✺

नफरत कभी न करना हमसे ..ये हम कभी ना सह पायेगे।
एक बार कह देना हमसे की..जरूरत नहीं अब तुम्हारी..हम तुम्हारी दुनिया से
हँस के चले जायेंगे।

✺

तुम चाय की तरह मोहब्बत किया करो।
मैं बिस्कुट की तरह डूब ना जाऊँ तो कहना।

✺

मेरे प्यार की हद ना पूछो तुम
हम जीना छोड़ सकते है।
पर तुम्हें प्यार करना नहीं।

❉

हजारों महफिल है
लाखो मेले है।
पर जहाँ तुम नहीं,
वहाँ हम अकेले है।

❉

चलो आओ अजनबी बनकर
फिर से मिले तुम मेरा नाम पूछो..मैं तुम्हारा हाल पूछूँ

❉

कुछ हदे है, मेरी कुछ हदे है तेरी
लेकिन दायरों में भी इश्क होता है।

❉

चाहत बन गए हो तुम,
कि आदत बन गए हो तुम
हर सांस में यूं आते जाते हो
जैसे मेरी इबादत बन गए हो तुम।

❉

वो लम्हा बना दो, मुझे
जो गुजर कर भी
तुम्हारे साथ रहे।

❉

कुछ यूँ उतर गए हो,
मेरी रग-2 तुम
कि खुद से पहले
एहसास तुम्हारा होता है।

❂

तुम्हारा इश्क मेरे लिए हवा जैसा है।
जरा सा कम हो तो,
सांसे रूकने लगती है।

❂

तुम्हें क्या पता तोरे इंतजार में
हमने कैसे वक्त गुजारा है।
एक बार नहीं हजारो बार,
तेरी तस्वीर को निहारा है।

❂

ना जिद है, ना कोई गुरूर है, हमें
बस तुम्हें पाने का सुरूर है, हमें
इश्क गुनाह है
तो गलती की हमने
राजा जो भी हो,
मंजूर है, हमें।

❂

कितना भी मिली
मन नहीं भरता
मंदिर में मिलने वाले...प्रसाद की तरह लगते हो तुम।

❂

सिर्फ दो ही वक्त पर तुम्हारा साथ चाहिए।
एक तो अभी और
एक हमेशा के लिए।

❋

मुस्कुराने के अब बहाने नहीं ढूँढ़ने पड़ते
तुझे याद करते हैं, तो तमन्ना पूरी हो जाती है।

❋

यूं न लगाया करो,
ख्वाबो में मुझे, सीने में
दिन भर मिलने की
चाहत सी लगी रहती है।

❋

मायूस होना एक गुनाह होता है
मिलता वही है,
जो किस्मत में लिखा होता है।
हर चीज मिले हमें,
ये जरूरी तो नहीं कुछ चीजो के इंतजार में भी मजा होता है।

❋

लगता है, तुम मोहब्बत भी
बरसात के मौसम की तरह निभाते हो
कभी जम कर बरसते हो,
तो कभी एक बूँद के लिए तरसाते हो।

❋

इश्क़ है... इक गहरा समन्दर

उनकी चाहत में
हम कुछ यूँ बंधे है, कि वो
साथ भी नहीं और
हम अकेले भी नहीं।

❀

दुनिया में इतनी रस्में क्यों है
प्यार अगर जिन्दगी है, तो
इसमें कसमें क्यों है?

❀

हमे बताता क्यों नहीं
ये राज कोई
दिल अगर अपना है, तो किसी और के बस में क्यों है?

❀

मेरे दिल की दिवार पर तस्वीर हो तेरी,
और तेरे हाथों में हो तकदीर मेरा।

❀

दिल में छुपा रखी है
मोहब्बत काले धन की तरह
खुलासा नहीं करता हूँ कि कही हंगामा ना हो जाए।

❀

ख्वाहिश इतनी है बस कि
कुछ ऐसा मेरा नसीब हो।
वक्त अच्छा हो या बुरा
बस तू मेरे करीब हो।

❀

कभी ये मत सोचना कि
याद नहीं करते हम
रात की आखिरी और
सुबह की पाली सोच हो तुम।

❈

आती है जब याद तेरी,तो तेरी यादों में हम खो जाते हैं।
आजकल तुझे सोचते - 2 ही
हम सो जाते हैं।

❈

कभी सोचा ना था कि
किसी से इतना प्यार हो जाऐगा।
कि उससे बात किए बिन,
एक दिन भी रहना मुश्किल हो जाऐगा।

❈

जो आसानी से मिले वो है धोखा
जो मुश्किल से मिले वो है, इज्जत
जो दिल से मिले वो है, प्यार
और जो नसीब से मिले वो है, आप।

❈

कोई मुकदमा ही कर दो
हमारे सनम पर
कम से कम हर पेशी पर दीदार तो हो जाएगा।

❈

पहले तो यूँ ही गुजर जाती थी राते ...मोहब्बत हुई तो रातो का एहसास हुआ।

🌼

तुम मुझे अच्छे या बुरे नहीं लगते
बस अपने लगते हो।

🌼

ना जाने कैसी मासूमियत है, तेरे चेहरे पर
तेरे सामने आने से ज्यादा उसे छुपकर देखना अच्छा लगता है।

🌼

करीब आओ जरा के
तुम्हारे बिन जीना है, मुश्किल
दिल को तुमसे नहीं
तुम्हारी हर अदा से मोहब्बत है।

🌼

तुम जिन्दगी में आ तो गये हो,
मगर ये खयाल रखना
हम "जान" दे देते है,
मगर "जाने" नहीं देते।

🌼

मुहब्बत में झुकना कोई अजीब बात नहीं
चमकता सूरज भी तो ढल जाता है, चाँद के लिए।

🌼

सोचता हूँ, हर कागज पे तेरी तारीफ करूँ
फिर खयाल आया कही पढ़ने वाला भी
तेरा दिवाना ना हो जाए।

❋

जो हमारी छोटी-2 बातो पर
गुस्सा करते हैं।
बस वही हमारी
सबसे ज्यादा फिकर करते हैं।

❋

कभी ये मत सोचना की
याद नहीं करते हम
रात की आखिरी और
सुबह की पहली सोच हो तुम।

❋

सूख गए फूल, पर बहार वही है।
दूर रहते है, पर प्यार वही है।
जानते है, हम मिल नहीं पा रहे है..आपसे, मगर इन आँखों में,मोहब्बत का
इंतजार वही है।

❋

एक तुझ पर ही तो,जान से ज्यादा भरोसा है।
नहीं तो दिल जैसी
कीमती चीज कौन किसे देता है?

❋

इश्क़ है... इक गहरा समन्दर

कुछ देर का इंतजार मिला हमको,
पर सबसे प्यारा यार मिला हमको,
तेरे बाद किसी और की ख्वाहिश ना रही,
क्योंकि तेरे प्यार से सब कुछ मिला हमको ।

❋

बहाने बहाने से आपकी बात करते हैं,
हर पल आपको महसूस करते हैं।
इतनी बार तो आप
सांस भी नहीं लेते होगे
जितनी बार हम आपको याद करते हैं।

❋

चुप रहोगे तो बात कौन करेगा
हम ना होगे
तो याद कौन करेगा....
माना कि हम अच्छे नहीं...
कि हम आपको पल-2 याद आएगे पर हम ना रहे तो आपको परेशान कौन
करेगा???

❋

मुझसे ज्यादा तो
मेरे लफ्ज तुम पर मरने है।
जब भी निकलते है
जिक्र तुम्हारा ही करते हैं।

❋

किन लफ्जो में बयां करू मैं,
अहमियत तेरी
की बिना तेरे नामुकिन सी लगती है
जिन्दगी मेरी,..

नजरो से दूर रहते हो ..और दिल पर कब्जा जमाए बैठे हो.
मगर मिलने तो कभी आते नहीं
और ख्वाबो में समाए रहते हो ।

आदत नहीं है,हर किसी पे फिदा होने की मुझे पर तुझमें कुछ बात ही ऐसी थी की ।
दिल को समझने का मौका ही ना मिला ।

ना रूठना तुम
हमसे कभी, हमे तो मनाना भी नहीं आता
चाहत कितनी है, तुम्हारे लिए दिल में
हमें तो यह बताना भी नहीं आता ।

मेरी आँखों से पूछ
मोहब्बत में बेबसी का आलम....
ये तेरे सिवा किसी और को
देखती ही नहीं ।

हमारी किसी बात से खफा मत होना...नादानी से हमारी नाराज मत होना।
पहली बार चाहा है हमने किसी को इतना
चाह कर भी कभी हमसे दूर मत होना।

❀

ना होगी किसी और से इतनी मोहब्बत
ये मेरा वादा है।
क्योंकि इस दिल को तेरी
जरूरत हद से ज्यादा है।

❀

होगी हजार शिकायते, हमको तुमसे
पर उससे कही ज्यादा इश्क है, तुमसे...।

❀

नादान सी मोहब्बत है, मेरी निभा लेना।
कभी तुम नाराज हुए तो
हम झुक जाएगे।
कभी हम नाराज रहे तो
तुम सीने से लगा लेना

❀

मोहब्बत की है...तुमसे बे- फिकर रहो
नाराजगी हो सकती है,
पर नफरत कभी नहीं होगी।

❀

कुछ तो सोचा होगा, कायनात ने
तेरे मेरे रिश्ते पर,वरना इतनी बड़ी दुनियां में तुझसे ही बात क्यों होती???

✵

हमें हजारो से प्यार करने की
ख्वाहिश नहीं
बल्कि हम तो हजार तरीको से
तुम्हें ही प्यार करना चाहते हैं।

✵

किसी को पास आने में वक्त लगता है।
किसी को अपना बनाने में वक्त लगता है।
जब माँगा खुदा से आपको
उसने कहा,
अनमोल चीज पाने में वक्त लगता है।

✵

दिल के रिश्ते हो
किस्मत से बनते है।
वरना मुलाकात तो रोज हजारो से होती है।

✵

मैंने पूछा रब से तुमने दुनिया को..प्यार का दुश्मन क्यों बना दिया,रब ने
हँसकर कहा,तूने भी तो मुझे छोड कर अपने प्यार को ही रब बना लिया।

✵

लोग सूरत पे मरते है,
जनाब
मुझे तो आपकी
आवाज से भी इश्क है।

❂

हमें क्या पता था???
कि इश्क कैसा होता है???
हमें तो बस आप मिले और
इश्क हो गया।

❂

कौन कहता है, कि
मोहब्बत बरबाद कर देती है।
अरे यारो...
कोई निभाने वाला
हो, तो
दुनिया याद करती है।

❂

देखकर उसको तेरा यूँ पलट जाना..
नफरत बता रही है, तूने मोहब्बत गजब की थी।

❂

सब कुछ झूठ है लेकिन फिर भी सच्चा लगता है।
जान बूझकर धोखा खाना अच्छा लगता है।

❂

इसीलिए माँगा ही नहीं चाहत का सिला मैंने
कि शायद इनकार की
भी फुर्सन न हो तेरे पास. ।

❁

दिल. तू जिस बात को दिल से लगाये बैठा है।
वो अपनी बात से मुकर गया कब का।

❁

शौक शौक में इश्क हो गया..
वो अब मजबूरी में है।
बस अपना ही गम देखा है
तूने कितना कम देखा है।

❁

अच्छा लगता है तेरा नाम
मेरे नाम के साथ. ।
जैसे कोई सुबह जुड़ी हो,
किसी हँसी शाम के साथ।

❁

जाने की वजह तिम ना बताओ बेशक..
वापसी की उम्मीद तो दिलाकर जाओ।

❁

जमीन-ओ-आसमान की गर्दिशो में
तलाश न कर मुझे....अगर तेरे दिल में नहीं तो कही नहीं हूँ मैं।

❁

वो भी क्या दिन थे
की हर वहम यकीन होता था।
अब हकीकत नजर आये तो
उसे क्या समझे।

❊

सजा देनी हमे भी आती है तुम...तकलीफ से गुजरो ये हमे गवारा नहीं,।
तेरी हसरत मुझे आज फिर छत पर
ले आई है।
माँग लूँगा तूझे किसी टूटते हुए सितारे से।

❊

मोहब्बत के रास्ते
कितने भी मखमली क्यूँ न हो।
खत्म तन्हाई के खण्डहरो में ही होते है।

❊

सुनो ना मेरी जिन्दगी की दो ख्वाहिशे है।
पहली ये कि तुमहे पा लूँ
दूसरी ये कि पहली पूरी हो जाए।

❊

शर्म नहीं आती "उदासी" को जरा भी मुद्दतो से मेरे घर की मेहमान बनी हुई
है।

❊

पहली मुलाकात थी
और हम दोनो ही बेबस थे।
वो अपनी जुल्फे ना संभाल पाए
और हम खुद को।

❂

वो कहते हैं, भुला देना
पुरानी बातो को
कोई समझाऐ उन्हें के इश्क़ कभी पुराना नहीं होता।

❂

अंग्रेजी की किताब बन गयी हो तुम
पसन्द तो बहुत आती हो, पर
समझ में नहीं आती हो।

❂

वो बोलती थी तुम्हारे प्यार के लिए मैं अपनी जान भी दे दूँगी..,आज वही बोल
रही है, छोड़ दो मुझे....मेरी जिन्दगी का सवाल है।

❂

डाली से टुटा फूल फिर से नहीं लग सकता है।
मगर डाली मजबूत हो, तो उस पर नया फूल खिल सकता है
इसी तरह जिन्दगी में खोये पल को ला नहीं सकते
मगर हौसले और विश्वास से
आने वाले हर पल को खुबसूरत बना सकते है।

❂

इश्क़ है... इक गहरा समन्दर

वहम से अक्सर खत्म हो जाते हैं
कुछ रिश्ते
कसूर हर बार गलतियो का नहीं होता।

❂

क्या खूब मजबूरियाँ थी, मेरी भी
अपनी खुशी को छोड़ दिया, उसे खुश देखने के लिए।

❂

आज तितलियो को भी हुई गलतफहमी
समझ कर फूल, उनके चेहरे पर जा बैठी।

❂

लिपटी रहती है, तेरी याद
यूँ एहसासो में
जैसे रूह लिपटी रहती है
जिन्दगी भर साँसों में।

❂

बस मुस्कुरा दो तो तबीयत खुश हो जाती है।
तुम इश्क करते हो, या इलाज करते हो।

❂

जानते थे, तोड़ दोगे तुम..
फिर भी दिल. तुम्हें देना अच्छा लगा।

❂

मुस्करा जाता हूँ अक्सर
गुस्से में भी तेरा नाम सुन कर।
तेरे नाम से इतनी मोहब्बत है, तो सोच
तुझसे कितनी होगी।

❀

माना कि दूरियाँ कुछ बढ़ सी गयी है..लेकिन
तेरे हिस्से का वक्त आज भी तन्हा गुजरता है।

❀

तू बहते पानी सा है
हर शक्ल में ढल जाता है।
मैं रेत सा हूँ
मुझसे कच्चे घर भी नहीं बनते।

❀

लिखना तो ये था की खुश हूँ
तेरे बगैर भी
पर कलम से पहले आँसू कागज पर गिर गया।

❀

छाता लगाने का मतलब
ये नहीं की बच गये पानी से.
याद रखो की डुबाने वाला पानी
सिर से नहीं पैर से आता है।पहले इश्क....
फिर दर्द...
फिर बेहद नफरत....
बड़ी तरकीब से तबाह किया, तुमने हमको।

❀

इश्क़ है... इक गहरा समन्दर

आज बता रहा हूँ, नुस्खा- ऐ - मोहब्बत
जरा गौर से सुनो...
न चाहत को हद से बढ़ाओ....
न इश्क को सर पे चढ़ाओ...।

✺

कही तुम भी न बन जाना किरदार
किसी किताब का
लोग बड़े शौक से पढ़ते है
कहानियाँ बेवफाओ की।

✺

वो खत वो ख्वाब. वो खताऐ
वो ब्वजह की वजह बना कर जीना.
सब कुछ तो छिन लिया..
इन कमबख्त जिम्मेदारियो ने।

✺

अक्सर वो फैसले
मेरे हक में गलत हुए।
जिन फैसलो के नीचे, तेरे दस्तखत हुए।

✺

उदास लम्हो की, न कोई याद रखना...तूफान में भी वजूद अपना संभाल कर
रखना।
किसी की जिन्दगी की खुशी हो, तुम
बस यही सोच, तुम अपना खयाल रखना।

✺

वो जो हमे
हद में रहने की बात करते हैं।
अब वो ही बता दे कि
इश्क की हद क्या है।

✸

तारे भी चमकते है
बादल भी बरसते है।
तुम दिल में हो फिर भी हम मिलने के लिए तरसते है।

✸

बहुत अंधेरा है इन इश्क़ की गलियो में
हमने दिल जलाया फिर भी रोशनी ना हुई।

✸

जिन्दगी में मंजिले, तो मिल ही जाती है।
बस वो लोग ही नहीं मिलते जिन्हे दिल से चाहा हो।

✸

दोस्ती का तो पता नहीं
पर जो तुमसे है वो किसी और से नहीं।

✸

जी चाहता है
तुम्हें अपने दिल में रख लूँ
पर कैसे रखूँ
मेरा दिल ही तुम्हरे पास है।

✸

शायरी लिखना बन्द कर दूँगा अब
मैं यारो....
मेरी शायरी की वजह से
दोस्तो की आँखों में आँसू
अब देखे नहीं जाते।

✸

पूछ कर देख अपने दिल से की
हमें भुलना चाहता है, क्या
अगर उसने हाँ कहा तो
कसम से मोहब्बत करना छोड़ देगे।

✸

ना मेरी नियत बुरी थी
ना उसमें कोई बुराई थी।
सब मुकदर का खेल था
बस किस्मत का साथ नहीं था। खूबसूरती से धोखा ना खाइये जनाब...
तलवार कितनी भी खुबसूरत क्यों ना हो?
माँगती तो खून ही है।

✸

हसरते पूरी ना हो ना सही।
ख्वाब देखना कोई गुनाह तो नहीं।

✸

जो पूरा ना हो सका,..
वो किस्सा हूँ, मैं..
छुटा हुआ ही सही, तेरा हिस्सा हूँ, मैं।

✸

कहाँ लाए अपनी बेगुनाही के पक्के सबूत
दिल, दिमाग, नजर,
सब कुछ तो तेरी कैद में है।

❂

तो नाराज होते तो, हर कीमत पर मना लेते है, लेकिन
जो शख्स तालुक ही नहीं रखना चाहने
उन्हें कैसे मनाते।

❂

मुझे मजबूर करती है, तुम्हारी यादें..वरना
शायरी करना अब मुझे अच्छा नहीं लगता।

❂

मैंने तो हमेशा ही तुझसे मोहब्बत की है।
तेरे ना मनाने से हकीकत नहीं बदलेगी।

❂

अब उठती नहीं है आँखे...किसी और की तरफ
पाबन्द कर गयी है, शायद
किसी की नजरे मुझे?

❂

बड़ा फर्क है तेरी और मेरी मोहब्बत में,
तू, परखता रह और
हमने जिन्दगी यकीन मे गुजर दी ।

❂

इश्क़ है... इक गहरा समन्दर

बदल जाती हो तुम कुछ पल साथ बिताने के बाद
ऐ जान..
यार तुम. मोहब्बत करती हो या नशा।

✺

यही सोचकर कोई सफाई नहीं दी हमने....
कि इलजाम झूठे भले है, पर लगाये तो तुमने है।

✺

खूबसूरत ये शायरी नहीं...बल्कि मेरी मोहब्बत है।
जो नूर बन के छलकती है
मेरे अल्फाजो में...।

✺

इतेफाक से मिल जाते हो
जब तुम राह में कभी
यूँ लगता है करीब से जिन्दगी जा रही हो जैसे।

✺

कोई और तरीका बताओ
ऐ सनम मुझे जीने का
साँस, ले लेकर थक गया हूँ।

✺

घड़ी डिटर्जेन्ट से भी ज्यादा खराब हो गयी है
जिन्दगी.
लोग इस्तेमाल तो करते हैं
पर विश्वास नहीं करते हैं।

✺

करते हैं, हम तुझसे मोहब्बत..हमारी यह खता माफ करना
है अगर बदनाम मोहब्बत हमारी
तुम प्यार को बदनाम मत करना।

तेरे दिल में क्या है?
ये तू ही जाने।
मेरे होंठ तो आज भी मुस्कुरा जाते हैं
तूझे सोचकर।

आ के देख मेरी आँखों के,ये भीगे हुए मौसम तुझे भूल गये है, हम।ये किसने
कह दिया कि भूल गए हैं हम

आज भी प्यारी है, मुझे तेरी हर निशानी
फिर चाहे वो दिल का दर्द हो या आँखों का पानी।

क्या पता तुम कब भूल जाओं
ये मोहब्बत
जिसे हम जिन्दगी और तुम एक
लफ्ज कहते हो।

इश्क़ है... इक गहरा समन्दर

तुम बिन जिन्दगी सूनी सी लगती है
हर पल अधूरी सी लगती है।
अब तो इन साँसो को अपनी साँसो से जोड़ दे,
क्योंकि अब यह जिन्दगी कुछ पल की
मेहमान सी लगती है।

✸

कौन कहता है
कमबख्त हमें डर नहीं लगता
हम भी रोज मर-मर के जीते हैं
तुम्हें खोने के डर से।

✸

ये आशिको का शहर है जनाब
यहाँ सवेरा चाय से नहीं शराब से होता है।

✸

लेकर के मेरा नाम मुझे कोसती तो है..
नफरत में ही सही पर मुझे सोचती तो है।

✸

तुझे make up करने की जरूरत नहीं है।
तू एक स्माइल भी दे, ना तो भी
तू chocolate जैसी लगती है।

✸

इस तरह से तेरी याद में
दिल खो जाता है जैसे गणित की
क्लास में कोई बच्चा सो जाता है।

सोचता हूँ, टूटा ही रहने दूँ इस दिल को
शायरी भी हो जाती है और जीत लेता हूँ, कई दिलों को।

आईने में भी खुद को झाक कर देखा खुद को भी हमने तन्हा करके देखा पता
चल गया हमें कितनी मोहब्बत है, आपसे जब तेरी याद को दिल से जुदा करके
देखा।

सोचता

खबर ना पूछो मेरे दिल का
यारों
बेखबर सा हो गया है अपने महबूब से मिल को।

सोचता

भले ही मुझे देखकर कुछ बोलती नहीं
मगर वो पगली
सोचती तो होगी की मेरा आशिक आ गया।

सोचता

ये चन्द मयखाने ही है
जो दर्द से मरने नहीं देते वरना हर इश्क का मारा खुदकुशी कर लेता।

सोचता

इश्क है... इक गहरा समन्दर

मानते थे, जिसे जिन्दगी....
वो जिन्दगी से खेल गये।

⚘

जिन्हे याद कर के मुस्कुरा दे
ये आँखे
वो लोग दूर होकर भी, दूर नहीं होते।

⚘

वक्त मिला उसे तो
हमें भी याद कर ही लेगा वो
फुरसत के लम्हो में
हम भी बड़े खास है, उसके लिए।

⚘

तू खामोश क्यूँ है
ये तो मालूम नहीं मगर,दिल डुब सा जाता है जब तू खामोश होता है।

⚘

इतनी ठोकरे देने के लिए शुक्रिया..ऐ जिन्दगी चलने का न सही,सम्भलने का
हुनर तो आ गया।

⚘

अगर लिखना चाहे, कुछ उन पर
आँखों पर ही दुनिया के कलम खत्म हो जाए।

⚘

Love is life,……..
Feel it,…………..

❋

तुम्हारे होंगे चाहने वाले बहुत इस कायनात ही तुम हो।
मगर....
इस पागल की तो कायनात ही तुम हो।

❋

झूठी मोहब्बत, वफा के वादे
साथ निभाने की कसमें,
कितना कुछ करते हैं
लोग सिर्फ वक्त गुजारने के लिए।

❋

हर रिश्ता बेकार है,
जब तक उसमें भरोसा ना हो।

❋

मेरी जान रो हर पल
खुश रखना खुदा।
उनके जख्मो की कीमत
मेरी जिन्दगी से काट लेना।

❋

इश्क़ है... इक गहरा समन्दर

कितमे अनमोल होते हो
अपनो के रिश्ते,
कोई याद ना करे, तो भी इंतजार रहता है।

⚙

तमन्नाओ की महफिल, तो हर कोई सजाता है
पूरी उसकी होती है, जो तकदीर लेकर आता है।

⚙

किसी ने क्या खूब कहा है
ऐ मौत!!! जरा पहले आना,गरीब के घर "कफन" का खर्च..दवाओं में निकल
जाता है।

⚙

लोग आज भी तड़पते है
हमारी मोहब्बत पाने के लिए
और एक हम है, जो
किसी अजनबी के इंतजार में सबको ठुकराये बैठे है।

⚙

राते गुमनाम होती है
दिन किसी के नां होता है।
हम जिन्दगी कुछ इस तरह से जीते है कि
हर लम्हो दोस्तो के नाम होता है।

⚙

जो मिलते है वो बिछड़ते भी है।
साहब....
हम नादान थे जो एक दिन की मूलाकात
को जिन्दगी समझ बैठे।

❉

अपने ही माता-पिता से मिलने की इजाजत
माँगती है, वो अपने पति से....
ये वो दुनिया है, प्यारे जहाँ बेटी जब विदा
होती है, तो उसके हकदार बदल जाते हैं।

❉

मेरी तमन्ना तो ना थी
तेरी महफिल छोड़ कर जाए की...
मगर मजबूर को मजबूरियाँ
अक्सर मजबूर कर देती है।

❉

भुला दूँगा तुझे जरा सब्र तो कर....तेरी तरह मतलबी बनने से
अभी थोड़ा "वक्त" लगेगा।

❉

कभी-कभी ऐसा होता है...प्यार का असर देर से होता है...आपको क्या
लगता हम आपके बारे में
कुछ नहीं सोचते
पर हमारी हर बात में आपका जिक्र होता है।

❉

इश्क़ है... इक गहरा समन्दर

तजुर्बा एक ही काफी था
जिन्दगीभर के लिए।
मैंने दुखा ही नहीं इश्क..
दोबारा करके।

❉

जब से देखा है, तेरी आँखों में झाँक कर
कोई भी आईना अच्छा नहीं लगता
तेरी मोहब्बत में ऐसे हुए है, दिन
तुम्हें कोई और देखे, अच्छा नहीं लगता।

❉

चाहता तो है कि
उस बेवफा की दुनिया उजाड़ दूँ
पर दिल कहता है, वो किसी की बेटी है।

❉

दिलदारी तो हमारे खून में है
पड़ोसी घर पर चीनी लेने आते है और
हम उन्हें चाय पीला के भेजते है।

❉

उदास दिल है मगर मिलता हूँ
हर एक से हँसकर
यही एक अजब हुनर सीखा है
मैंने बहुत कुछ खो देने के बाद।

❉

सोचा था, की बहुत टूटकर चाहोगे तुम
हमें
लेकिन चाहा भी हमवे और टूटे भी हम ही।

❉

बाहे तरस जाती है
जब उसे सीने से लगाने को।
मैं कागज पर उतार कर अक्सर,
उसकी पलके चूमा करता हूँ।

❉

सिगरेट और मेरा कई बार ब्रेकअप हो चुका है
पर कमबख्त हर बार मुझे मना लेती है।

❉

इजाजत तो हमने भी न दी थी, उसे मोहब्बत की
बस वो नजर उठाते गये और
हम तबाह होते गये।

❉

मिलने को तो मिलते है
दुनिया में कई चेहरे पर,
तुम सी मोहब्बत
हम खुद से भी न कर पाये।

❉

सालो साल बातचीत से उतना सुकून नहीं मिलता
जितना एक बार, महबुब के गले लग कर मिलता है।

❂

कुछ इस तरह से...वो मेरी बातो का जिक्र किया करती है
सुना है वो आज भी मेरी फिक्र किया करती है।

❂

उसकी मुहब्बत का सिलसिला भी क्या अजीब है
अपना भी नहीं बनाती और
किसी का होने भी नहीं देती।

❂

हमने तो उस शहर में भी किया है
इंतजार तेरा
जहाँ मोहब्बत का कोई
रिवाज न था।

❂

हजारो झोपड़ीया जलकर राख होती हैं..तब कही जाकर महल बनते
है,आशिको के मरने पर कफन भी नसीब नहीं होता
हसीनाओं के मरने पर ताजमहल बनते है।

❂

सुनो मेरी जान, तुम ही थाम लो मेरा हाथ
सब ने छोड़ दिया, मुझे अकेला
तुम्हारा समझकर।

❂

मैंने कहा तुम्हें सझना सँवरना क्यों नहीं आता,
वो पगली मुस्कुराई और बोली
तुम्हारी चाहत, मेरा सिंगांर ही तो है।

✸

बस तेरी यादों के कारण जागता रहता हूँ, दिन रात
वरना दर्द इतना है, कि एक बार सोऊँ तो,
उम्रभर उठ ही ना पाऊँ।

✸

जब आँसू आऐ तो रो जाते हैं
जब ख्वाब आऐ तो खो जाते हैं।
नींद आँखों में आती नहीं
बस आप ख्वाबो में आओगे,
यही सोच कर सो जाते हैं।

✸

शुक्र करो कि दर्द सहते हैं लिखते नहीं।
वरना कागजों पे लफ्जों के जनाजे उठते।

✸

दिमाग से बनाये हुए रिश्ते
बाजार तक चलते हैं और
दिल से बनाए हुए रिश्ते
शमशान तक चलते हैं।

✸

इश्क़ है... इक गहरा समन्दर

हर पल झूमती है ,ये आँखें
उसकी यादों के नशे में
और लोगों ने रिवाज बना लिया टोकने का
कि थोड़ा कम पिया करो ।

❂

अब गुनाहो के दाग
चेहरे पर मचलते है...
लोग आदत नहीं...बस आईने बदलते है ।

❂

क्यूँ करते हो मुझसे
इतनी खामोश मुहब्बत
लोग समझते हैं
इस बदनसीब का कोई नहीं ।

❂

हम कबूल करते हैं
हमें फुर्सत नहीं मिलती ।
मगर ये भी जरा सोचो
तुम्हें जब याद करते हैं
तो जमाना भूल जाते हैं ।

❂

कुछ लोग सिखाते हैं
मुझे मोहब्बत के कायदे कानून
नहीं जानते वो, इस गुनाह में हम
सजा ऐ मौत के मुजरिम हैं।
अजनबी शहर में एक दोस्त मिला
वक्त नाम था।
पर जब भी मिला, मजबूर मिला।

✸

कहते हैं, कि पहला प्यार कभी बुलाया नहीं जाता
फिर पता नहीं क्यूँअ लोग
अपने माँ बाप का प्यार भूल जाते हैं।

✸

शायरी वो नहीं लिखते हैं
जो शराब से नशा करते हैं।
शायरी तो वो लिखते हैं
जो यादों से नशा करते हैं।

✸

एक तेरी ही ख्वाहिश है हमें
सारी दुनिया किसने माँगी है।

✸

है होंठ उसके पुस्तको में लिखी पंक्तियो जैसे...,कभी छूँ लूँ और पढ़ने को जी
करता है।

✸

इश्क़ है... इक गहरा समन्दर

अच्छा लगा यह सुनकर कि वो खुश हैं
किसी और को चुनकर लेकिन
एक बात याद रखना
कोई तेरी खातिर है, जी रहा।

❂

सच्चा प्यार करने वाला केवल आपको बुरा
बोल सकता है।
कभी, आपका बुरा नहीं कर सकता
क्योंकि
उसकी नाराजगी में आपकी फिक्र
और दिल में आपके प्रति सच्चा प्यार होता है
और धोखेबाज केवल अच्छा बोल सकते हैं
आपके साथ कभी अच्छा नहीं कर सकते हैं।

❂

लम्हों की खुली किताब है, जिन्दगी ...खयालों और साँसो का हिसाब है
जिन्दगी
कुछ जरूरतें पूरी कुछ ख्वाहिशें अधूरी
इन्हीं सवालो के जवाब है, जिन्दगी।

❂

वो रोऐ तो बहुत, पर मुझसे मुँह मोड़ कर रोएँ
कोई मजबूरी होगी तो दिल तोड़ कर रोएँ
मेरे सामने कर दिये, मेरी तस्वीर के टुकड़े
पता चला कि मेरे पीछे वो उन्हें जोड़ कर रोएँ।

❂

छोड़ दिया है, किस्मत की लकीरों पर यकीं करना।
जब लोग बदल सकते हैं, तो किस्मत क्या चीज है।

***

मत सोना किसी की गोद में सर रखकर
कभी..
जब वो छोड़ता है, तो रेशम के तकिये पर भी
नींद नहीं आती।

***

काश मोहब्बत भी मौत की तरह होती
सबको एक बार मिलती तो सही।

***

छुप-छुप कर क्यूँ पढ़ती हो अल्फाजों को मेरे
सीधे दिल ही पढ़ लो
पहला अक्षर तुम से शुरू..साँसो तक तुम हो।

***

बहुत रोयेगी, पगली उस दिन जब मैं
याद आऊँगा
कि कोई था.. पागल
जो सिर्फ मेरे लिए,..पागल था।

***

तुम्हारा तो गुस्सा भी इतना प्यारा है..के
दिल करता है.. दिन भर तुम्हें तंग करने रहे।

***

इश्क़ है... इक गहरा समन्दर

अगर दुनिया में जीने की चाहत ना होती तो ...खुदा ने मोहब्बत बनाई ना होती
लोग मरने की आरजू ना करते
अगर मोहब्बत में बेवफाई ना होती।

वो छोड़ के गऐ हमें
न जाने उनकी क्या मजबूरी थी।
खुदा ने कहा इसमें उनका कोई कसूर नहीं
ये कहानी तो मैंने लिखी ही अधूरी थी।

अब तूझे न सोचू तो,जिस्म टूटने सा लगता है।
एक वक्त गुजरा है
तेरे नाम का नशा करते-करते।

कुछ हसरते अधूरी ही रह जाए तो अच्छा है..पूरी हो जाने पर दिल खाली सा
हो जाता है।

वक्त होता ही है, बदलने के लिए
ठहरते है, तो बस लम्हे है।

जाने क्या सोच के लहरे साहिल से टकराती है
और फिर समंदर में लौट जाती है।
समझ नहीं आता कि किनारो से बेवफाई करती है
या फिर लौट कर समंदर से वफा निभाती है।

✷

मोहब्बत की तलाश में निकले हो तुम
अरे वो पागल....मोहब्बत खुद तलाश करती है..जिसे बर्बाद करना हो।

✷

मुझसे दोस्त नहीं बदले जाते...चाहे लाख दूरी होने पर
यहाँ लोगो के भगवान बदल जाते हैं
एक मुराद ना पूरी होने पर।

✷

ये चन्द मयखाने ही है
जो दर्द से मरने नहीं देते।
वरना हर इश्क का मारा खुदकुशी कर लेता।

✷

दिल से ज्यादा महफूज जगह नहीं मगर
सबसे ज्यादा लोग लापता यही से होता है।

✷

रेत की तरह बिखर गया मेरी खुशियो का घर।
किसी बेवफा की मोहब्बत से जो नींव रखी थी।

✷

जिस घाव से खून नहीं निकलता...
समझ लेना तो जख्म किसी अपने ने ही दीया है।

❂

वादा हमने किया था निभाने के लिए.
एक दिल दिया था एक दिल को पाने के लिए
उन्होने मोहब्बत सिखा दी और कहा कि
तुमसे प्यार किया था, किसी और को जलाने के लिए

❂

उसने हर नशा सामने लाकर रख दिया
और कहा..
सबसे बुरी लत कौनसी है मैंने कहा, तेरे प्यार की

❂

इस दुनिया में सब कुछ बिकता है
फिर जुदाई ही रिश्वत क्यूँ नहीं लेती.
मरता नहीं है, कोई किसी से जुदा होकर
बस यादें ही है जो जीने नहीं देती।

❂

जिन्दगी सुन्दर है, पर मुझे जीना नहीं आती
हर चीज में नशा है, पर मुझे पीना नहीं आता।
सब मेरे बिना जी सकते हैंसिर्फ....मुझे तेरे बिना जीना नहीं आता है!

❂

मदहोश मत करो
मुझे तुम अपना चेहरा दिखाकर।
मोहब्बत अगर चेहरे से होती तो..
खुदा दिल ना बनाता..

✺

अगर निकलू मयखाने से तो,
शराबी मत समझ ॥
मंदिर से निकलता हर शख्स
भगवन नहीं होता ॥

✺

समझ में नहीं आता है,किस पर भरोसा करूँ...?
यहाँ तो लोग नफरत भी करते हैं....
पर मोहब्बत की तरह।

✺

जिन्दगी का फलसफा भी कितना अजीब है।
शामें कटती नहीं और साल गुजरते जा रहे है।

✺

इतना शौक मत रखो
इन इश्क की गलियो में जाने का
कसम से रास्ता जाने का है
पर आने का नहीं।

✺

इश्क़ है... इक गहरा समन्दर

इतना बता दो कैसे साबित करे की
आप हमें इतना याद आते हो।
क्योंकि शायरी आप समझते नहीं और
अदायें हमें आती नहीं।

❂

सिर्फ एक मुहब्बत की रोशनी तो बाकी है
वरना जिस तरप देखो, दूर तक अंधेरे है।भूल जाऊँगा, उसी वक्त, उसी पल
बस तू, उससे मिला दे, जो मुझसे ज्यादा चाहता है तुम्हें

❂

रेत पे नाम कभी लिखते नहीं
क्योंकि रेत पे लिखे नाम कभी टिकते नहीं
आप कहते हो तुम पत्थर दिल हो पर
पत्थर पे लिखे नाम कभी मिटते नहीं।

❂

एक नफरत ही नहीं, दुनिया में दर्द का सबब,
मोहब्बत भी सकूँ वालो को बड़ी तकलीफ देती है।

❂

कागज की कश्ती थी, पानी का किनारा था।
खेलने की मस्ती थी, ये दिल आवारा था।
कहाँ आ गये समझदारी के दलदल में
वो नादान बचपन भी कितना प्यारा था।

❂

अपनी ही तरह से परेशान है हर कोई इस तपती धूप के लिए, कोई दरख्त नहीं है।

किसी के पास खाने के लिए रोटी नहीं है और किसी के पास रोटी खाने का वक्त नहीं है।

❋

चन्द दिनो में दिल भर जाता है
हमसे हर किसी का
ना जाने, ये दुनिया का दस्तुर है या
हम इतने बुरे है।
यूँ तो काफी मिर्च मसाले है
इस जिन्दगी में
तुम्हारे बिना जायका
फिर भी फीका ही लगता है।

❋

प्यार करता हूँ, इसलिए फिक्र करता है
नफरत करूँगा तो जिक्र भी नहीं करूँगा।

❋

तू इतना प्यार कर जितना तू सह सके।
बिछड़ना भी पड़े तो जिन्दा रह सके।

❋

लफ्ज दिल से निकलते है दिमाग से तो मतलब निकलते है।

❋

करेगा जमाना भी हमारी कद्र एक दिन
बस ये वफादारी की आदत छूट जाने दो।

❁

कही अँधेरा तो कही शाम होगी
मेरी हर खुशी तेरे नाम होगी।
कभी माँग कर तो देख, हमसे ऐ दोस्त
होठो पर हँसी और हथेली पर जान होगी।

❁

मैं इस कीबिल तो नहीं की
कोई मुझे अपना समझे।
पर इतना यकीन है,
कोई अफसोस जरूर करेगा मुझे खो देने के बाद।

❁

पत्थर से प्यार किया, नादान थे हम
गलती हमसे हुई इंसान है हमआज जिन्हे हमसे बात करने में तकलीफ होती है
कभी वो कहते थे, उनकी जान है हम।

❁

मिलेगा क्या दिलों में नफरते रख कर,
बड़ी अनमोल है, जिन्दगी मुस्कुरा के गुजार दो।

❁

एक दिन हम सब एक दूसरे को
सिर्फ यह सोचकर खो देंगे कि
वो मुझे याद नहीं करता तो, मैं क्यों करूँ?

❈

आँसो में आ जाते हैं आँसू
फिर भी लबो पे हँसी रखनी पड़ती है।
ये मोहब्बत भी क्या चीज है यारो
जिस से करते हैं उसी से छुपानी पड़ती है।

❈

अब तो शायद ही कोई मुझसे प्यार करे
मेरी आँखों में साफ नजर आने लगी हो तुम।

❈

जो हमें समझ ही नहीं सका
उसे हक है हमें बुरा समझने का?
जो हमको जान लेना है
वो हम पर जान देता है।

❈

फुर्सत निकालकर आओ कभी मेरी महफिल में
जहाँ देखे तू एक नजर, वहाँ खुशबू बिखर जाए।

❈

तेरी महफिल से उठे तो
किसी को खबर तक ना थी।
तेरा मुड़ कर देखना, हमें बदनाम कर गया।

❈

बड़े शौक से बनाया
तुमने मेरे दिल में अपना घर
जब रहने की बारी आई तो तुमने
ठिकाना बदल दिया।

❈

कभी- 2 बुरा वक्त,
अच्छे लोगो से मिलवाने के लिए आता है।

❈

मेरी मौत पे भी,
उसकी आँखों में आँसू नहीं थे,
उसे शक था की, मुझमें अब भी जान बाकी है।

❈

उनसे कहना की किस्मत पे इतना नाज ना करे।
हमने बारिश में भी जलते हुए मकान देखे है।

❈

आओ ले चले इश्क को वहाँ, जहाँ तक
फिर से कोई कहानी बने।
जहाँ फिर कोई गालिब नज़्म पढ़े,
फिर कोई मीरा दिवानी बने।

❀

सुना है, मेरी मौत के लिए रोजे रखे है। उन्होंने
कह दो उनसे आज वो अपनी ईद बना ले।

❀

कोई नहीं आयेगा, मेरी जिन्दगी में
तुम्हारे सिवा
एक मौत ही है
जिसका में वादा नहीं करता।

❀

कोई और तरीका बनाओं जीने का।
साँसे ले-लेकर थक गये हैं।

❀

एहसास बदल जाते हैं बस
और कुछ नहीं
वरना एक ही दिल से होती है
मोहब्बत और नफरत।

❀

मोहब्बत यूँ ही किसी से हुआ नहीं करती
वजूद भूलाना पड़ता है, किसी को चाहने के लिए।

❋

बड़ा ही फर्क था तेरी और मेरी मोहब्बत में
तूने सिर्फ आजमाया हमने सिर्फ यकीन किया।

❋

उसने देखा ही नहीं
अपनी हथेली को कभी
उसमें एक हल्की सी लकीर मेरी भी थी।

❋

अगर मोहब्बत नहीं थी तो
बता दिया होता।
तेरे एक चुप से मेरी जिन्दगी तबाह कर दी।

❋

पन्नों के परे भी है इक जिन्दगी
सब किरदार किताबों में नहीं होते।

❋

यादों में तेरी आहें भरता है कोई
हर साँस के साथ तुझे याद करता है कोई
मौत सच है एक दिन आनी है लेकिन
तेरी याद में हर रोज मरता है कोई।

❋

हवा से कह दो कि
खुद को आजमा के दिखाए।
बहुत चिराग बुझाती है
एक जला के दिखाए।

❂

प्यार और विश्वास हो सके तो
कभी ना खोयें।
क्यूँकि प्यार हर किसी से होता नहीं
और विश्वास हर किसी पे होता नहीं।

❂

मुझे पता है, लोग बदल जाते हैं।
मगर मैंने तुझे कभी उन लोगो में गिना नहीं।

❂

सुनो तुम दिल दुखाया करो
इजाजत है
बस कभी भूलने की बात मत करना।

❂

बस इतना सा असर होना हमारी यादों का
कि कभी आप बिना बात के ही मुस्कुराओगे।

❂

इश्क़ है... इक गहरा समन्दर

जिन्दा है, शाहजहाँ की चाहत अब तक
गवाह है, मुमताज की उल्फत अब तक
जाके देखो ताजमहल को, ऐ दोस्तो
पत्थर से टपकती है, मोहब्बत अब तक।

❋

जिस्म के घाव तो भर ही जायेंगे एक दिन।
खैरियत उनकी पूछो, जिनके दिल पर वार हुआ है।

❋

मानो तो एक "रूह का रिश्ता" है
हम सभी का।
ना मानो तो "कौन" क्या लगता है, किसी का।

❋

भरी रहे अभी आँखों में
उसके नाम की नींद
वो ख्वाब है, तो यूँ ही देखने से गुजरेगा।

❋

जिन्हें पता है कि अकेलापन क्या होता है।
वो लोग दूसरों के लिए हमेशा हाजिर रहते हैं।

❋

एक जैसी ही दिखती थी
माचिस की वो तीलियाँ
कुछ ने दीये जलाये
और कुछ ने घर।

❂

दफन करना, हमें उसके घर के पास कब्रिस्तान में
वो कहा करते थे कि
बना लो, करीब कोई ठिकाना की, मिलना आसान हो जाए।

❂

वादा दोनो ने किया
जीना मरना एक साथ।
फिर कहीं जिस्म नीला हुआ
कहीं हाथ पीले हुए।

❂

हमे भी आते है, अंदाज दिल तोड़ने के ।
हर दिल में खुदा बसता है, यही सोचकर चुप हूँ॥

❂

यूँ तो मोहब्बत की सारी हकीकत
से वाकिफ हैं हम।
पर उसे देखा तो सोचा चलो,
जिन्दगी बर्बाद कर लेते हैं।

❂

मुकम्मल मोहब्बत की आरजू नहीं हमें
उम्र जो खत्म न हो, उसे इश्क की चाट है।

❁

मिला था, एक दिल, जो तुझको दे दिया अगर
हजार भी होते तो, सिर्फ तेरे लिए होते?

❁

आँखे बन्द नहीं करता, मैं आजकल..
हुजूर को पलकों पर बिठा रखा है।

❁

मुझे पाकर मेरी हसरत पूरी कर दो तुम,
जामने के सामने दूरियाँ अच्छी नहीं लगती।

❁

कितनी मोहब्बत है, तुझसे
कोई सफाई नहीं देंगे।
साये की तरह रहेंगे तेरे साथ
लेकिन दिखाई नहीं देंगे।

❁

यूँ तो राहें बहुत है
मुझ तक पहुँचने के
राहें मोहब्बत से आओगे तो
फासला कम पड़ेगा।

❁

मिली है, जिन्दगी तो
मिसाल बन कर दिखा दो।
वरना इतिहास के पन्ने
आजतल रिश्वत देकर भी छपते हैं।

❂

रोक तो लूँ मैं, इन आँखों को तुझे देखने
से मगर
इस दिल का क्या करूँ
जो धड़कता है, सिर्फ तेरे लिए।

❂

मैं ये नहीं कहता की
वो कोई खास हो।
मुझे वो चाहिए जो
मेरे ही पास हो।

❂

ये आशिको का शहर है जनाब
यहाँ सवेरा चाय से नहीं शराब से होता है।

❂

इंसान चाहे कितना भी आम हो
वो किसी ना किसी के लिए खास होता है।

❂

इश्क़ है… इक गहरा समन्दर

ऐ मोहब्बत..... तुझे पाने की कोई रह नहीं है
तू तो उसे ही मिलेगी..... जिसे तेरी परवाह नहीं है

❁

चाहे प्यार कितना भी दूर रहे।
प्यार के सिलसिले कभी न कम होंगे।
जब भी लगे तुम तकलीफ में हो
पलट कर देखना तेरे पीछे हम होंगे।

❁

हथियारों का शौक वे रखते हैं
जिनको जान का खतरा हो।
हमारी तो खुद की, जान
दूसरो के लिए खतरा बनी हुई है।

❁

मुझको पढ़ पाना
हर किसी के लिए मुमकिन नहीं।
मैं वो किताब हूँ
जिसमें शब्दों की जगह जज्बात लिखे जाते हैं।

❁

नाम तो लिख दूँ
उसका हर जगह मगर
ये खयाल आता है।
मासूम सी है, मेरी जान कहीं बदनाम ना हो जाए।

❁

तेरे बिना जीना मुशिकल है।
ये तुझे बताना और भी मुश्किल है।

❁

जिन्दगी तुझ से एक सबक सीखा है मैंने
वफा सब से करो वफा की उम्मीद किसी से ना करो।

❁

तुम्हारी खुशियो के ठिकाने बहुत होंगे
मगर हमारी बेचैनियों की वजह बस तुम हो।

❁

दर्द आँखों से निकला तो सबने बोला
कायर है, ये।
जब दर्द लफ्जो से निकला तो
सब बोले शायर है, ये।

❁

गुमान न कर अपनी खुशनसीबी का
खुदा ने चाहा तो इश्क तुझे भी होगा।

❁

हर इश्क का एक वक्त होता है और
वो वक्त हमारा नहीं था।
मगर उसका ये मतलब नहीं की
वो इश्क नहीं था।

❁

इश्क़ है... इक गहरा समन्दर

एक दूसरे से बिछड़ के हम
कितने रंगीले हो गये।
मेरी आँखे लाल हो गयी और
तेरे हाथ पीले हो गये।

❂

तूने मेरा आज देख के मुझे ठुकराया है।
हमने तो तेरा गुजरा कल देख के भी मोहब्बत की थी।

❂

"बारिश" और "मोहब्बत" दोनों ही बहुत यादगार होते हैं।
फर्क सिर्फ इतना है कि
बारिश में जिस्म भीग जाता है
और "मोहब्बत" में आँखें।

❂

तू बिल्कुल वैसी है, पगली जैसे
तितली को खुद नहीं पता कि उसके पंख कितने सुन्दर है।

❂

अपने हाथ की लकीरें भी
कितनी बेवफा है।
खुद की है, पर
समझ किसी और को आती है।

❂

हमसे "मुकम्मल" हुई ना कभी
ऐ जिन्दगी तालीम तेरी
शार्गिद कभी हम बन न सके
और "उस्ताद" तूने बनने ना दिया।

❂

इजाजत हो तो लिफाफे में रखकर
कुछ वक्त भेज दूँ।
सुना है, कुछ लोगों को फुर्सत नहीं है
अपनो को याद करने की।

❂

मुझे ये दिल की बीमारी ना होती
अगर तू इतनी प्यारी ना होती।

❂

एक बार इशारा तो कर दे
मैं खुद को जला भी सकता हूँ
तेरी आँखों के काजल के लिए।

❂

इंतजार हमने भी बरसो किया है
उनका ऐ सनम
लेकिन क्या करे
वो कसम अपनी दे गयी खुद की
नजरों के सामने ना आने की।

❂

इश्क़ है... इक गहरा समन्दर

किसी को प्यार करो तो कह दो
आज ही जाके
ऐ चन्दु !
क्या पता कल
दिल की बात दिल में ही न रह जाए।

❖

लोगो की बातें सुनकर
मुझे छोड़कर जाने वाले
हम कितने बेवफा थे
तुम पता तो कर लेते एक बार

❖

सारी महफिल लगी हुई थी
हुस्न-ए-यार की तारीफ में
हम चुप बैठे थे
क्यूँकि हम तो उनकी सादगी पर मरते हैं।

❖

वक्त और दोस्त मिलते तो मुफ्त हैं
लेकिन उनकी कीमत का अंदाजा तब होता है
जब ये कहीं खो जाते हैं।

❖

हार जाऊँगा मुकदमा उस अदालत में
ये मुझे यकीन था
जहाँ वक्त जज और नसीब मेरा वकील था।

❖

कहाँ से लाऊँ हुनर उसे मनाने का।
कोई जवाब नहीं था उसके रूठ जाने का।
मोहब्बत में सजा मुझे ही मिलनी थी
क्योंकि जुर्म मेरा था, उनसे दिल लगाने का।

❋

ना जाने कौन सी बात पर वो रूठ गयी है
मेरी सहने की हदे भी अब टूट गयी है।
कहती थी जो कि कभी नहीं रूठेगी मुझसे
आज वो अपनी ही बातें भूल गयी है।

❋

याद्दाश्त का कमजोर होना
बुरी बात नहीं है जनाब
बड़े बेचैन रहते हैं वो लोग जिन्हे
हर बात याद रहती है।

❋

हम तो नादान है, क्या समझेगें
उसूल-ऐ-मोहब्बत..
तुझे चाहना था
तुझे चाहते हैं और
तुझे ही चाहेंगे।

❋

जाने वाले ने ये भी नहीं सोचा कि
उसे देख-देख कर जीने वाले का हाल
क्या होगा।

कहाँ से लाऊँ हुनर उसे मनाने का।
कोई जवाब नहीं था उसके रूठ जाने का।
मोहब्बत में सजा मुझे ही मिलनी थी
क्योंकि जुर्म मेरा था, उनसे दिल लगाने का।

कभी न जाने कौन सी बात पर वो रूठ गयी है
मेरी सहने की हदें भी अब टूट गयी है।
कहती थी जो कि कभी नहीं रूठेगी मुझसे
आज वो अपनी ही बातें भूल गयी है।

याद्दाश्त का कमजोर होना
बुरी बात नहीं है जनाब
बड़े बेचैन रहते हैं वो लोग जिन्हे
हर बात याद रहती है।

हम तो नादान है, क्या समझेगें
उसूल-ऐ-मोहब्बत..
तुझे चाहना था
तुझे चाहते हैं और
तुझे ही चाहेंगे।

❂

जाने वाले ने ये भी नहीं सोचा कि
उसे देख-देख कर जीने वाले का हाल
क्या होगा।

❂

अगर तुम इन आँखों को पढ़ सकते हो तो
पढ़ लो
कितनी खामोश मोहब्बत करते हैं
हम तुमसे।

❂

मेरा और उस चाँद का मुक़द्दर एक जैसा है।
वो तारों में तन्हा है और मैं यारो में।

❂

बहुत मिलेंगे हसीन चेहरे
इस दुनिया के बाजार में
लेकिन वो मुक़द्दर से मिलता है
जिसका दिल खुबसूरत होता है।

❂

मैं खामोश हूँ आज
तो क्या हुआ
तू भी तो कभी आवाज दे।

❂

रास्तों में पत्थरों की कमी नहीं है।
मन में टूटे सपनों की कमी नहीं है।
चाहत है, उनको अपना बनाने की मगर
उनके पास अपनो की कमी नहीं है।

❂

आईना आज फिर रिश्वत लेते पकड़ा गया।
दिल में दर्द था और चेहरा हँसता हुआ पकड़ा गया।

❂

सहम उठते है, कच्चे मकान पानी के खौफ से,
महलो की आरजू ये है कि बरसात तेज हो।

❂

धड़कनो को कुछ तो काबू में कर
ऐ दिल
अभी तो पलके झुकाई है
मुस्कुराना अभी बाकी है, उनका।

❂

उस शख्स से मोहब्बत करना भी
हर रोज मरने के बराबर है।
जिसे तुम्हारे होने या न होने से
कोई फर्क नहीं पड़ता।

✳

ना जाने क्या मासूमियत है
तेरे चेहरे पर.
तेरे सामने आने से ज्यादा तुझे
छुपकर देखकर अच्छा लगता है।

✳

इश्क की पतंगे उड़ाना छोड़ दी।
वरना
हर हसीनाओ की छत पर हमारे ही धागे होते।

✳

मेरी खुददरी इजाजत नहीं देती
कैसे कहूँ की मुझे तेरी जरूरत है।

✳

दूरियों का गम नहीं
अगर फासले दिल में न हो
नजदीकियाँ बेकार है
अगर जगह दिल में ना हो।

✳

मुझे तलाश है उन रास्तो की
जहाँ से कोई गुजरा न हो ।
सुना है वीरानो में अक्सर
जिन्दगी मिल जाती है ।

❂

तुझे क्या पता कि
तेरी यादों ने मुझे किस तरह से रूला दिया ।
कभी अकेले में हँसा दिया
कभी महफिल में रूला दिया ।

❂

न करो जुर्रत किसी के वक्त वे-वक्त हँसने की कमी
ये वक्त है जनाब
चेहरे याद रखता है ।

❂

इश्क मुहब्बत तो सब करते हैं ।
गम-ऐ-जुदाई से सब डरते है ।
हम तो न इश्क करते हैं न मुहब्बत ।
हम तो बस आपकी एक मुस्कुराहट पाने के लिए तरसते हैं ।

❂

कैसी अजीब सी है
ये मोहब्बत की राहें
रास्ता वो भटक गये
और मंजिल हमारी खो गयी ।

❂

चेहरे की सारी रौनक उड़ जाएगी साहब
हँसते रहिये जब तक इश्क नहीं होता।

***

काश! तुझे भी जरूरत हो मेरी तरह
और
मैं नजर अंदाज करूँ तुम्हारी तरह।

***

मैं प्यार हूँ तेरा मजहब नहीं।
यूँ नाम से मेरे दंगे न किया कर।

***

इजाजत हो तो एक बात पुछूँ
जो हमसे इश्क सीखा था वो अब तुम किससे करते हो?

***

ना जाने तुम पे इतना यकीं क्यों है?
तेरा खयाल भी इतना हसीन क्यों है?
प्यार का दर्द मिठा होता है
तो आँख से निकला ये आँसू नमकीन क्यों है?

***

किसी अच्छे इंसान से हद से ज्यादा
बुरा सलुक मत कीजिए
क्यूँकि सुन्दर काँच टूटता है तो
धारदार हथियार बन जाता है।

***

ये ना पूछ मैं शराबी क्यूँ हुआ
बस यूँ समझ ले .....
गमो के बोझ से
नशे की बोतल सस्ती लगी ॥

मोहब्बत को, जो निभाते है ।
उनको मेरा सलाम है ॥
और जो बीच रास्ते में छोड़ जाते हैं
उनको हमारा ये पैगाम है ।
"वादा ऐ वफा करो तो फिर खुद को फना करो ।
वरना खुदा के लिए
किसी की जिन्दगी को ना तबाह करो ।

बहुत सी बारिशें देखें
मगर आसी नहीं देखी ।
शहर भीगा मन भीगा और
उनमें बहती ख्वाहिशें देखी ।

"फूल" यूँ ही नहीं खिलते बागो में जनाब
उसके लिए "बीज" को दफन होना पड़ता है ।

एक दिन जरूर तड़पेगा वो शख्स मेरे लिए अभी तो खुशियाँ बहुत मिल रही है..
उसे मतलबी लोगो से ।

क्या खाक तरक्की की
आज की दुनिया ने
मरीज-ऐ-इश्क तो आज भी
लाइलाज बैठे हैं।

✺

कभी शाम होने के बाद
मेरे दिल में आकर देखना
खयालों की महफिल सजी होती है
और जिक्र सिर्फ तुम्हारा होता है

✺

कुछ लोग जिन्दगी होते है.
पर हमारी जिन्दगी में नहीं होते हैं।

✺

ना हम कुछ कह पाते हैं..ना वो कुछ कह पाते हैं।
सिर्फ एक दूसरे को देखकर गुजर जाया करते हैं।
कब तक चलता रहेगा ये सिलसिला
ये सोचकर दिन गुजर जाया करते हैं।

✺

आप तो एक सपना हो,
जो पता नहीं, कैसे सच हो गया।
सोचा ही नहीं था,
वो अपना हो गया।
यादों में डूबे है, रात दिन
इस कदर की
कि जैसे सब कुछ थम सा गया है।

❂

उसने हमें दिल से निकाल दिया
एक भीगे कागज की तरह।
ना जलने लायक छोड़ा
ना लिखने लायक।

❂

मोहब्बत क्या है?
कसूर नजरों का।
चाहत क्या है?
एहसास किसी की यादों का।

❂

साँसें थम जाती है
पर जान नहीं जाती।
दर्द होता ह, पर आवाज नहीं आती।
अजीब लोग हैं इस जहाँ में
कोई भूल नहीं पाता
और किसी को याद नहीं आती है।

❂

कहानी दर्द की

मैं जिन्दगी से क्या कहता
यह दर्द उसने दिया है
उसी से क्या कहता
गिला तो तुझको भी करना था प्यास का
लेकिन जो खुद ही सूख गई
उस नदी से क्या कहता।
मैं जानता हूँ लहू सबका एक होता है
जो खून बहाता है उस
आदमी से क्या कहता।
मेरे अजीज ही मुझको समझ न पाए हैं
मैं आपना हाल अजनबी से क्या कहता
तमाम शहर में झूठ का राज है
मैं अपने गम की हकीकत किसी से क्या कहता?

❈

जिन्दगी उसी को आजमाती है
जो हर मोड़ पर चलना जानता है।
कुछ पाकर तो हर कोई मुस्कुराता है
जिन्दगी उसी की होती है
जो सब खोकर भी
मुस्कुराना जानता है।

❈

इश्क़ है… इक गहरा समन्दर

मेरे पास वक्त नहीं है
नफरत करने का उन लोगो से
जो मुझसे नफरत करते हैं
मैं व्यस्त हूँ, उन लोगो से जो मुझसे प्यार करते हैं।

❀

दिल को बड़ा सूकून मिलता है
ऐ चन्दु !
हर वो लम्हा याद करके
जब तू निकालती थी, हमारे घर के सामने
मुस्कराते हुए।
हम खुद को भूल जाया करते थे
तुम्हें देखकर।

❀

अब तो संभल जा, ऐ दिले नादा,
वो पीछे मुड़कर देखती नहीं
और तू पीछे- 2 चला जा रहा है।

❀

इश्क की राहें आसान नहीं होती है
ऐ चन्दु !
इश्क करो तो अपने इरादे मजबूत रखना।
लोगो को दुनिया में बहुत रोते देखा है।
जो कभी इश्क में हरपल हँसा करते थे।

❀

पेड़ की डाली से गिरा पत्ता हूँ मैं
ऐ चन्दु !
तेरे इश्क में पागल हुआ दिवाना हूँ मैं
ना जाना मुझे छोड़कर यूँ तन्हाईयों में अकेले
क्यूँकि..
तुम ही हो आशिकी मेरी
अब तुम ही हो मेरी जिन्दगी

❂

इश्क क्यूँ होता है
ऐ चन्दु !
ये तो दुनिया में जीने का एक बहाना है।
वरना यहाँ आशिको को नहीं
शराबियो की बस्ती होती।

❂

ये दुनिया मरती है हसीनाओ पे ऐ चन्दु ! जरा सँभलकर रहना यहाँ कभी भी
किसी आशिक की कब्र पर
कोई इमारत आज तक नहीं बनी है।
और लोग हसीनाओं के नाम पर
ताजमहल बनवा देते हैं।

❂

कुछ लोग हुस्न पे मरते हैं।
कुछ लोग हैसियत पे मरते हैं।
ऐ सनम कैसा ये पागलपन है
हम तो आपकी सादगी पे मरते है।

❂

इश्क़ है... इक गहरा समन्दर

किसी से कुछ ना पूछो
जनाब
आँखों से बहुत कुछ बयाँ हो जाता है।
लफ्जों से कुछ कहो ना कहो
हमें आपकी आँखों की शरारत से ही
दिल का हाल पता चल जाता है।

❂

गम तो बहुत है
जहाँ में
लोग बहुत परेशान है
जिन्दगी के हालातों से।
बाँटना है तो मुस्कुराहट बाँटे
क्योंकि
मुस्कुराहट का कोई मोल नहीं होता।
इस जहाँ में।

❂

इश्क भी
कोरोना के जैसे है
पता ही नहीं लगा
कब और कहाँ हो गया?

❂

काँटो के साथ भी
गुलाब खुबसूरत लगता है।
कीचड़ में भी
कमल लाजवाब लगती है।
आप हजारों की भीड़ में भी परी सी लगती हो।

अगर एक गुलाब देने से
मोहब्बत होती तो
आज माली मोहब्बत का राजा होता।
किसी के प्यार में पागल होने से ही
कोई आ के बस जाता जिन्दगी में तो
आज हर एक आशिक पागल होता।

ऐ सनम
तुम्हारे इश्क ने भी,
क्या-क्या दिन दिखाये हैं।
कभी प्यार में रूलाया है तो
कभी हँसाया है।

जोड़ीयाँ तो आसमाँ से
खुदा ही बना के भेजता है।
निभाना तो
हमें ही पड़ेगा।

दोस्त, दोस्त खफा नहीं होता
प्यार, प्यार से जुदा नहीं होता ।
भूला देना मेरी सब खामियो को,
क्यूंकि इंसान कभी खुदा नहीं होता ।

❂

चाहती हो सड़को पर,
पहन कर तुम लाल कुर्ता
देखकर आपको,
आशिको को प्यार का नशा चढ़ता उतरता ।
लगती हो इतनी खुबसूरत की,
दिवानो का दिल तेज - 2 धड़कता ।

❂

हर चमकने वाली चीज
जैसे सोना नहीं होती ।
वैसे ही हर लड़की,
मन की बुरी नहीं होती ।
चेहरा देख कर किसी से
प्यार मत करना,क्यूंकिखुबसूरत चेहरो से वफा की उम्मीद नहीं होती ।

❂

बस तुम.. सिर्फ तुम जैसे भी हो...
मुझे पसन्द हो ।

❂

कुछ लोग जिन्दगी होते है।
कुछ लोगो से जिन्दगी होती है।
कुछ लोग होते है तो
जिन्दगी होती है।

❂

वो मिले मुझसे कुछ इस तरह
ना उसने कुछ बोला
ना मैंने कुछ बोला।
बस जाते हुए हल्का सा मुस्कुरा दिया
और यादों का अपनी गुलाम बना दिया।

❂

चन्द लम्हें जो gujareऐ सनम साथ जो आपके बसे हैं आँखों में हमारे बन के
ख्वाब
करते हैं रब से यही दुआ
आ के बस जाओ जिन्दगी में हमारे।

❂

सच्चे प्यार की पहचान कुछ ऐसी है,
सनम
जब आशिक आँखों में आँखे डालके
"आई लव यू" बोल दे तो आँखों से
आँसू छलक आते हैं।

❂

जिन्दगी भी सतरंगी है यारा
कभी प्यार तो, कभी धोखा है।
कभी इन्तजार है, कभी मिलन है।
इसलिए जी लो सुकून से इन पलो को
साथ हमारे क्यूँकि हम आज यहाँ तो कल वहाँ।

✺

जब देखा तुम्हें पहली नजर ऐ सनम
दिल खिंचा चला आया आपकी तरफ
आपकी मुस्कुराहट पे फिदा हम हो गए
जो थे अजनबी कभी
उनके बिना जीना मुश्किल हो गया।

✺

सोचता हूँ कभी -2
ऐ खुदा तेरा भी बहुत एहसान है मुझ पर
जो कभी सपनों में नहीं थे
वो ही हमसफ़र है।
जिनके बारे में सोचा नहीं कभी
आज यारो पे मेरी उनका ही .... है।

✺

वक्त भी मौका देता है
जिन्दगी में प्यार करने को।
ये तो समझना अपने को ही पड़ता है।
.... आशिक के दिल को।

✺

होंठो पे आपके
एक नशा सा रहता है।
एक "किस" में ही बेताब कर दिया है हमें
मुस्कुराहट ही ऐसे ही है खुबसूरत की
आपने हमारी रातों को भी रंगीन कर दिया।

❋

अजनबी गलियों से
हम गुजरा नहीं करते।
दर्द ऐ दिल दिया या लिया नहीं करते
ये को रिश्ता आपसे है कुछ खास
वरना हम अजनबियों को अपना मोबाइल नम्बर भी दिया नहीं करते।

❋

आप तो हमारे लिए
उस गुलाब की तरह हो।
जिसे छोड़ भी नहीं सकते
और तोड़ भी नहीं सकते।
अगर तोड़ दिया तो
मुरझा जाओगे और
छोड़ दिया तो हमारे गुलाब को
कोई और ले जाएगा।

❋

इश्क़ है... इक गहरा समन्दर

तुम बिन हर एक
चीज अधूरी लगती है।
तुम बिन,
कोई भी ख्वाब पूरा नहीं होता है।
ये तुम्हारे इश्क का
जादू है या
इस दीवाने का पागलपन।

❂

खुद को यूँ
बदनाम मत करो।
मोहब्बत की है हमसे
तो यूँ बेवफा जैसी बात मत करो।
आके बस जाओ
जिन्दगी में हमारी
प्यार कीया है हमसे
तो हमें इंकार मत करो।

❂

प्यार एक नशा है
इसे सोच समझकर पीयें।
जैसे शराब का नशा होता है
कम पीओ तो चढ़ती नहीं
ज्यादा पीओ तो
उतरती नहीं।

❂

तमन्नाओं के इस
शहर में
हमने भी एक ख्वाब पाला है।
चाहा है उस हसीना को
जिसने हमें अजनबी
माना है।
तुम....बस तुम.... सिर्फ तुम..
प्यार में आशिक को
कभी रोने मत देना।
सपनों और अपनो को कभी
टूटने मत देना।
निभा सको तो ही
प्यार करना।
वरना किसी की जिन्दगी बरबाद मत होने देना।

❂

इश्क़ है... इक गहरा समन्दर

बेवफाई तो
वो लोग करते हैं।
जो प्यार की कीमत नहीं जानते।
और
खुदखुशी वो लोग करते हैं
जो जिन्दगी की कीमत नहीं जानते।
दुनिया वालों के लिए
आप
सिर्फ एक आदमी हो।
पर याद रखना
अपनों के लिए
आप ही सारी दुनिया हो।
इसलिए
कभी अपनो से दगा मत करना।
चाहे कोई भी मुकाम आये मोहब्बत में
अपनो को कभी नाराज मत करना।

❁

हम एक बेवफा से
दिल लगा बैठे है।
खो के रातों की नींद
हम बेताब हो के बैठे है।
अब किसका सहारा ले
ऐ चन्दु !
हम छत पर भी बोतल ले के बैठे हैं।

❁

ये जिन्दगी ना दुबारा मिलेगी।

मत भूलो।

और इससे पहले

गुजरे हर एक पल।

सनम के साथ

प्यार से जी लो।

✺

मेरा हर एक ख्वाब

आपका है।

मेरी हर साँस

में तुम हो।

कैसे समझाऊँ मैं तुम्हें ऐ सनम

अब तो लबों पे

हर वक्त तेरी ही

सरगम है।

सिर्फ तुम...बस तुम... अब तुम ही हो।

✺

आपकी मुस्कुराहट ही

इनती प्यारी है तो

प्यार कितना

हसीन होगा।

आपका ख्वाब ही खूबसूरत है तो

हकीकत में कितना लाजवाब होगा अंदाजा आपका।

✺

इश्क़ है... इक गहरा समन्दर

हम अपनो से ही
धोखा खाये बैठे हैं।
प्यार में आशिक के
तड़पाये बैठे हैं। ऐ
यूँ ना सताओ हमें ये दुनिया वालों
हम इश्क में सब कुछ लगा बैठे हैं।

वो बचपन भी,
कितना खूबसूरत था।
हजारों चाहने वाले थे।
जवानी क्या आई?
सिर्फ एक को भी बताना पड़ता है कि आपसे प्यार करते हैं।

पर क्या समझायें दुनिया वालो को
हम जवान जरूर हैं
लेकिन दिल अभी भी बच्चा है।

प्यार ढाई अक्षर का एक
कोरा सा शब्द है।
लेकिन निभाने में
जिन्दगी गुजर जाती है।

दर्द अपने ही देते हैं
वरना गैरो को क्या पता कि
हमें तकलीफ किस बात से है?
तड़पाते हैं अपने ही सनम को
प्यार में अपने लोग जहाँ में..वरना दुनिया को क्या पता ?हमे मोहब्बत किससे
है?

✵

शराब का नशा
कुछ ऐसा है
ऐ चन्दु !
सुबह पी तो
शाम को उतर जाती है।
पर इश्क ऐसा नशा है
जितना भुलाना चाहो
ये उतना ही बढ़ता जाता है।

✵

शराबी को शराब पीये बिना
नींद नहीं आती।
ऐ चन्दु !
हमें आपका ख्वाब देखे बिना नींद नहीं आती।

✵

ख्वाबों में आने वाला
तेरा शुक्रिया।
दिल को बहलाने वाला
तेरा शुक्रिया।
रहे सलामत प्यार तुम्हारा
खुदा से है यही अर्जियाँ।

जिन्दगी भी क्या
चीज बनाई ऐ खुदा तूने
जीना है और जी के मर जाना है।
करना है प्यार किसी से
और एक दिन बिछड़ के चले जाना है।

लोग मोहब्बत को
यूँ ही खुदा नहीं मानते हैं।
मोहब्बत तो लोगों के
जीने की वजह बन जाती है।
वरना मोहब्बत बिना तो
जहाँ में कब्रिस्लान में भी जगह नसीब ना होती दिवानों को।

मुस्कुराने की वजह तुम हो।
तुम बिन सुना-सुना हर एक घर का कोना।

आज का दिन सुहाना है।
क्यूँकि आज महबूब को आना है।
बैठे हैं इन्तजार में
दिलबर के हम कबसे?
क्यूँकि आज दिदार करना है महबूब का।

✸

मिलना भी जरूरी था।
बिछुड़ना भी जरूरी था।
अब खुदा से क्या शिकायत करें
तेरे साथ जीना भी जरूरी था
और तेरे बीना भी जरूरी था।

✸

प्यार में दिवानों को
लुटते देखा है।
कभी सर्द शाम में
पार्क में इन्तजार करते देखा है।
तो कभी बेवफाई में तुम्हारी
मयखाने में जाम लगाते देखा है।

✸

तुम्हें पाने को,
हमने क्या कुछ नहीं किया।
रातों को सोना छोड़ दिया
अपनो से नाता तोड़ दिया।
दिल मेंहो तुम....बस तुम....सिर्फ तुम।

✸

इश्क़ है... इक गहरा समन्दर

वक्त अच्छा हो तो
फूलो को भी मंदिरों में भी चढ़ाते देखा है ।
और वक्त बुरा हो तो ,
फूलो को पेरो तले कुचलते देखा है ।
हमने प्यार में, ऐ चन्दू
आशिको को खुश देखा है और
पागल होते हुए भी देखा है ॥

❂

बात दिल में हो तो,
आँखों में बयाँ हो जाती है ॥
तुम छुपाओ खूब हमसे,
पर चाहत दिल में महसूस हो जाती है ॥

❂

प्यार को लोग,
जिन्दगी मानते है ॥
लेकिन क्यूँ, ऐ चन्दू
प्यार करने वालो को दुश्मन मानते है,कैसे समझाऊँ तुम्हें ऐ दुनिया वालो,प्यार
के बिना, ये दुनिया अधूरी है ।

❂

अजनबी लोग भी
अपने बन जाते हैं।
प्यार में
सपने भी सच होते है।
मत तड़पाओ किसी को प्यार में अपने
क्यूँकि आशिक तड़प कर भी मर जाते हैं।

❁

हवाओं ने पैगाम भेजा है।
अपनी मोहब्बत को सलाम भेजा है।
आज आँखों में आँसू है
तो क्या हुआ।
ऐ चन्दु !
चाहत ने सनम को
आज अपना इकरार भेजा है।

❁

यूँ ना सताओ
किसी को याद में अपनी
कि वो याद करते - 2
ही मर जाए।
यूँ ना तड़पाओ
आशिक को अपने
ऐ चन्दु !
कि वो मिलने से पहले ही
बिछुड़ जाए तुमसे।

❁

कोई कहता है
प्यार बार- 2 होता है।
कोई कहता है
प्यार एक बार होता है।
अब किसका कहा माने, ऐ चन्दु !
मैं तो यही कहूँगा कि
जो दिल में बसता है वो एक बार है।
जो दिमाग में आता है वो बार - 2 है।

❂

दोस्तों ने बहुत समझाया मुझे
कि प्यार एक गहरा है समन्दर
जितना डूबोगे, उतना पछताओगे
पर हम क्या करें
आपके प्यार का नशा ही कुछ न कुछ ऐसा है,
कि खुद भी मिटने को तैयार बैठे है
सिर्फ आपके लिए

❂

आजकल सब बिजी है
कोई दिल की बात भी नहीं पूछता
सब भागे जा रहे है
कोई दिल की बात भी नहीं करता
ऐ खुदा ऐसा क्या हो गया है
ऐ चन्दु !
दुनिया में
कोई पागल प्यार में रोता है
फिर भी कोई चुप कराने नहीं आता।

❋

इश्क है, एक नशा
जो चढ़ जाता है एक बार तो
उतरता मुश्किल से है
ऐ चन्दु !
इश्क है, एक पागलपन
जो एक बार पागल हो गया तो
उसका इलाज मुश्किल से है।

❋

प्यार का पहला अक्षर

इश्क का दूसरा अक्षर

मोहब्बत का तीसरा अक्षर

हमेशा अधूरा ही रहेगा।

इसीलिए चाहो तो चाहो दिल से

क्यूँकि

"चाहत" हर अक्षर हमेशा

पूरा ही रहेगा।

❁

चाहा है ऐ सनम तुझे

चाहते ही रहेगें।

जिन्दा है जब तक

इस जहाँ में

ख्वाबो में तुम्हें ही

मिलते रहेंगे इस कदर की

मर गये तो

आपकी धड़कन बनकर

आपके दिल में रहेगें।

❁

क्या कसूर था
आशिक का तूने उसे एक
पागल बना दिया
सीधे सीधे को एक शराबी बना दिया।
हमेशा खुश रहने वाले को भी
तूने एक मासूम चेहरा बना दिया।
यही अंजाम है
क्या तुमझे दिल लगाने का।

❋

कितना भी रोको
दिल को
किसी न किसी पर आ ही जाता है।
तुम करो न करो ऐतबार
हो ही जाता है।

❋

कुछ लोग कहते हैं
जिन्दगी बड़ी मुश्किल है जीना
कुछ कहते हैं
जिन्दगी जैसा तोहफा और नहीं।
जीना है मजे से इस जहाँ में
तो यहाँ के रिवाजों को सीखना पड़ेगा।

❋

इश्क़ है... इक गहरा समन्दर

काली रात के बाद
एक सुहानी सी कुबह आती है।
बड़े इन्तजार के बाद
एक खुशख़बरी आती है।
रखो खुदा पे यकीं
ऐ चन्दु !
क्यूँकि धरती के तपने के बाद ही
एक सावन की बरसात आती है।

❂

खुदा ने इश्क़ बनाया होगा तो,
उन्होंने भी इसे आजमाया होगा।
हमारी क्या औकात?
ऐ चन्दु !
इश्क ने खुदा को भी तड़पाया होगा।
सोचता हूँ
सनम ने प्यार मे मुझे रूलाया है
तो इश्क ने खुदा को भी तड़पाया होगा।
तुम्हारे इश्क में भूल बैठे हैं दुनिया को
तो क्या किसी ने खुदा को भी सताया होगा।

❂

हमें भी वफा की उम्मीद उनसे थी।
जिन्होंने कभी किसी से दिल लगाया ही नहीं।
गलती हमारी ही थी।
जो प्यार उनसे किया जिसने
कभी किसी का ऐतबार किया ही नहीं।

❂

आँखों में ख्वाब है, तेरा
लबों पे नाम है तेरा
दिल पे मेरे, राज है, तेरा ले सनम।

✲

चाहत ही दो दिलों को मिलाती है।
दूरियाँ आशिकों को बड़ा तड़पाती है।
ना हो चाहत दिल में तो
ऐ चन्दु !
धड़कन भी अजनबी लगती है।

✲

तुम मानो या ना मानो,
ये दिवाना पागल है
प्यार में आपके।
भूला बैठा हूँ
ऐ चुन्दु
दुनिया को तुम मानो या ना मानो।

✲

अगर स जहाँ में
शीशा ना होता तो।
को कैसे देख पाते?
फिर अपने आप को कैसे पहचान पाते?
तुम ना मिलते मुझे,
तो कैसे जी पाते, इस जहाँ में बिन तुम्हारे?
छोड़ा है हर वो काम
ऐ चन्दु !
जो तुम्हें पसन्द नहीं।
हुए पागल तुम्हें पाने को इस कदर
कि छोड़े हैं हर वो ख्वाब जो तुम्हें पसन्द नहीं।

❂

किस्मत ही मिलाती है
अजनबियों को इस जहाँ में
वरना हमारी क्या औकात?
इसलिए मिलके दूर जाना नहीं कभी।
अब इस दीवाने को कभी तड़पाना नहीं।

❂

कभी किसी का
दिल से इन्तजार करके तो देखो।
कभी किसी को
याद करके तो देखो।
चले आएँगे ख्वाबों में तुम्हारे
कभी किसी को अपना बनाकर तो देखो।

❂

मत लो इम्तिहान मेरे
यूँ तड़पा कर मुझे।
क्यूँकि जीता हूँ
मैं तुम्हें देख-देख कर हो जाएँगे पागल बहुत

❀

अगर दुनिया में
सिर्फ नफरत होती तो।
ऐ चन्दु !
आज पूरी दुनिया
सूनी हो जाती।
एक प्यार ही है
जिसमें लोगों को दिलों से जोड़ता है।

❀

कुछ लोग
आदत से मजबूर होते है।
कुछ लोग
ऐ चन्दु !
प्यार में पागल होते है।
पर अपना क्या कहूँ
दोस्तों आपसे
हम तो दोनों से बीमार है।

❀

इश्क़ है... इक गहरा समन्दर

ऐ हवा कुछ तो सुन
ऐ बादल कुछ तो बरस।
ऐ चंदू भेजना है, मुझे कुछ सन्देश
अपने महबूब को
ऐ हवा कुछ तो सुन

❋

राह्तों का शुक्रिया बहुत- 2
जो मंजिल पे पहुँचा दिया।
आशिक का शुक्रिया बहुत- 2
जो जिन्दगी जीना सीखा दिया।
करता है दिल दुआ
ऐ चन्दु !
ऐसे ही मिलते रहो तुम जहाँ- 2
बनके दिया।

❋

बताऊँ कैसे में तुझे, ऐ सनम
दिल में मेरे क्या है?
समझाऊँ क्या तुझे
हाल मेरा क्या है?
बस इतना सा कहूँगा कि
तुम बिन दुनिया अधूरी लगती है।

❋

जो मिल जाए
आसानी से
उसका इन्तजार किसकी है?
हम तो दुआ करते हैं उसी की
तो मिलता है मुश्किल से।
मान जाएँ तो
कोई जल्दी से
उसका ख़्वाब किसको है?
हम तो उसकी आस करते हैं जो
अब तक किसी का हुआ ही नहीं अब तक।

✸

तेरे प्यार में
ओ सनम
हमने काट के हाथ की नस अपनी
खून से तुम्हें प्रेम पत्र भिजवाया है।
अब तो करो कबूल
ऐ चन्दु !
प्यार को हमारे
हमने दिल को आपके नाम कर दिया है।

✸

इश्क़ है... इक गहरा समन्दर

धरती की प्यास तो
सावन का बादल ही मिटा पाता है।
आशिक की बेरूखी तो
एक महबूब ही मिटा पाता है।
यादों में पागल एक आशिक।
चन्दु
❁

तेरे प्यार में ओ सनम
हमने काट के हाथ की नस अपनी
खून से तुम्हें प्रेम पत्र भिजवाया है।
अब तो करो कबूल
ऐ चन्दु !
प्यार को हमारे
हमने दिल को आपके नाम कर दिया है।
❁

धरती की प्यास तो
सावन का बादल ही मिटा पाता है।
आशिक की बेरूखी तो
एक महबूब ही मिटा पाता है।
यादों में पागल एक आशिक।
चन्दु
❁

इस जहाँ में
आशिकी करने का अन्दाज ही निराला है।
कोई प्यार में पागल है,
तो कोई ख्वाबों में घायल है।
ऐ चन्दु !
जो मंजिल पे पहुँचे
वो चन्द है
जो रूखसत हो गये
आशिक के इन्तजार में
वो करोड़ो है।

✲

माना कि तुम्हारी भी
कुछ मजबूरियाँ हैं।
जिन्दगी में प्यार के अलावा भी
बहुत जिम्मेदारियाँ हैं।
ऐ चन्दु !
सिर्फ इतना ही बता देते की
हम भी कभी-कभी आपके ख्वाबों में
आया करते हैं।

✲

इश्क़ है... इक गहरा समन्दर

चाहा है आपको इस कदर की।
हम अपने आप को भी
भूल गये हैं।
"ऐ चन्दु!"
करते- 2 आपके आने का इन्तजार
हम पागल हो गये हैं।

❂

सुना तो बहुत था,
आपके बारे में
कि बहुत दिलदार हो।
ऐ चन्दु !
पर प्यार करके
आप तो बहुत होशियार हो।
चाह के भी हमको
लफ्जो से इंकार करते हो।

❂

जब बैठे हो शमशान में तो जिन्दगी भी मौत लगती है..जब संग हो आशिक
ऐ चन्दु !
जिन्दगी भी जन्नत लगती है।
मिलता रहे ये प्यार यूँ ही
तो हमें दुनिया भी प्यारी लगती है।

❂

मिलों का सफर तय किया है
ऐ सनम् तुम्हारा प्यार पाने को।
किया है इन्तजार
कई सावन का
ऐ सनम तुमसे मिलने को।
पर खुदा का शुक्रिया जो
मिला ही दिया तुमसे ऐ जान
देर से ही सही।

✺

पागल ना हो जाऊँ ऐ सनम प्यार में तुम्हारे बरबाद ना हो जाऊँ
इश्क में तुम्हारे
ऐ चन्दु !
आ के सम्भाल लो मुझको
ऐ जान मर ना जाऊँ कही
चाहत में तुम्हारे।

✺

वादा है जिन्दगीभर
इश्क फरमाएँगे तुझसे ऐ जान
भूल जाएँगे दुनिया को पूरी
प्यार निभाएँगे तुझसे ऐ जान।
आएँगे ख्वाबों में तुम्हारे हर दिन
एक बार वफा करके तो देखो
मुझसे ऐ मेरी जान।

✺

इश्क है... इक गहरा समन्दर

सब कुछ है पास मेरे
तुम्हारे सिवा।
दुनिया भी लगती है बुरी
मुझे तुम्हारे सिवा।
ये कैसा इश्क है
ऐ चन्दु !
कोई भी ख्वाब पूरा नहीं
होता है तुम्हारे सिवा।

❋

खुदा ने रात बनाई है
सोने के लिए।
दिल दिया है
प्यार करने के लिए।
पर यहाँ लोग करते हैं बेवफाई
सिर्फ आशिको को तड़पाने के लिए।

❋

तुम्हारे साथ गुजारे हर पल
कैद है आँखों में मेरे।
तुम्हारे साथ किये वादे
कैद है, दिल की धड़कन में मेरे।
मन्नत है बस एक ही खुदा से
ऐ चन्दु !
साँसो में ऐसे ही बसे रहो,
जिन्दगीभर तुम मेरे।

❋

पा के तुझे पा लिया है सारा जहाँ मैंने।
तुम्हारे प्यार में
जमाने को दुश्मन किया है मैंने।

❂

अपनो को छोड़ दिया
प्यार की खातीर तुम्हारे मैंने।

❂

सोचता हूँ कभी-कभी
तन्हाई में अकेले।
तुम ना मिले होते तो
किस के सहारे जीते अकेले।
मर जाते एक दिन
तुमको को याद करके अकेले।

❂

आज भी याद है मुझे
जब देखा आपको पहली बार
लगा मुझे ऐसे जैसे
ऐ चन्दु !
चाँद उतरा है जमीं पे पहली बार।

❂

मोहब्बत एक एहसास है
इसे एक बार पढ़के तो देखो।
प्यार है एक जिन्दगी
इसे जी के तो देखो।
चाहत है एक नाम किसी के इन्तजार का
ऐ चन्दु !
एक बार इन्तजार करके तो देखो।

❀

दुनिया भी कितनी अजीब है ।
यहाँ जो चाहो, वो मुश्किल से मिलता है ॥
बस जाते हैं कुछ लोगा दिलों में अपने
"ऐ चन्दु !"
पर मिलते बड़ी मुश्किल से है।

❀

किस्मत बदलती देखी है,
मैंने अपनो को बदलते है, देखा
तू कभी बदल ना जाना,
ऐ सनम्
क्यूँकि तुम बिन जी ना पाएँगे।

❀

करो वादा अगर किसी से
ऐ चन्दु !
तो निभाना जरूर
करो प्यार किसी से
तो जताना जरूर
चाहो किसी को दिल से
तो एक बार उसे बताना जरूर।

❀

चाँद के बिना बादल अधूरे लगते है।
आपके के बिना ये जीना सुना लगता है।

❀

कभी सावन की
बरसात में भीग कर तो देखो
कभी प्यार किसी को
ऐ चन्दु !
अपना बना कर तो देखो
जिन्दगी जन्नत बन जाएगी
किसी को अपना बना के तो देखो।

❀

कर लेता हूँ कैद
कुछ मंजर आँखों में अपनी,
सोचता हूँ कि
ऐ चन्दु !
शायद ये लम्हा कल फिर ना आये।

❀

इश्क़ है... इक गहरा समन्दर

आज बरसान है, तो कल है सुखा।
ये मौसम है, यारो
आज प्यार है, तो कल है, रूखा।
ऐ चन्दु !ये मेरा दिल है यारो।

✸

हमने मौसम को
बदलते देखा है।
हमने दिवानो को
ऐ चन्दु !
प्यार में पागल देखा है।
ये दुनिया है, जनाब
हमने लोगो को बदलते देखा है।

✸

तुझसे हूँ दूर अभी
तो क्या गम है।
मुझे तू मिला तो कभी
वो भी क्या कम है।
ऐ चन्दु !
देखता हूँ आइने में,
तूझको, ऐ सनम।
हर वक्त है, तू साथ मेरे।

✸

खोजने से तो भगवान भी मिल जाते हैं,चाहने से तो
ऐ चन्दु !
इन्सान भी झुक जाते हैं।
तू ना मिली
मुझे हकीकत में तो क्या हुआ?
मेरे ख्वाबों में तो
आज भी तेरा ही राज है।

❉

चाहो किसी को दिल से
तो इकरार जरूर कर देना।
शायद क्या पता?
ऐ चन्दु !
वो भी आपके इकरार के
इन्तजार में बैठा है।

❉

इश्क़ है... इक गहरा समन्दर

हजारों रास्तो पे चला हूँ।
सिर्फ एक मंजिल पाने को
लोगो ने बहुत पूछा
कि इतना वक्त क्यूँ लगा।
उनसे अब क्या कहूँ मैं
ऐ चन्दु !
क्यूँकि रास्ता भी लम्बा था, और
मंजिल भी बड़ी थी।
फिर भी खुश हूँ जो
पा लिया है
तूझे देर से सही।

✺

जिद है हमें भी
तूझे पाने की
ऐ मंजिल
तू दूर है तो क्या हुआ,
ऐ चन्दु !
हमें भी हसरत है
चाँद पे आशियाना बनाने की।

✺

खायी है ठोकरे मैंने
ऐ चन्दु !
मंजिल को पाने में ।
सीखा है मुश्किल में मुस्कुराना ।
ऐ चन्दु !
दुनिया को समझने में ।

❁

तड़प है आज भी हमें ऐ चन्दु !
उनको बाँहो में समेटने की ।
चाहत हैं आज भी
हमें दिल से दिल लगाने की ।
पर वो है, कि
ख्वाबों में आने से भी नहीं रुकते है ।

❁

समझो तो इश्क है
इक गहरा समन्दर ।
ऐ चन्दु !
समझो तो इश्क है
बहती सी नदियाँ ।

❁

हमने आज चाँद को
आज आसमान में पूरा चमकता देखा है।
हमने आज सनम को
ख्वाबों में बाँहो में सिमटा देखा है।
ऐ चन्दु !
अब तो दुआ है खुदा से कि जल्द से ये ख्वाब पूरा हो जाए।

❁

नींद नहीं आती है मुझे आज कल।
याद बहुत आती है मुझे आज कल
अब तो आ जाओ
ऐ सनम
प्यार में कही पागल जा हो जाऊँ मैं तुम्हारे
क्यूँकि आँखों में बसे हो तुम
आजकल एक ख्वाब की तरह।

❁

हमने सुने है किस्से
प्यार के हजारों
पर तुमसा प्यार नहीं देखा कहीं
बसे हो दिल में इस कदर
ऐ चन्दु !
तुम कि एक भी ख्वाब तुम बिन देखा नहीं

❁

इश्क है गहरा समन्दर तो
हमें भी इसमें डुबना है।
प्यार है एक बादल तो
हमें भी धरती पर बरसना है।
मोहब्बत है एक एहसास हसीन तो
हमें भी इसे महसूस करना है।
चाहत है इक डोर पतंग की
तो हमें भी उड़ना आसमाँ में है।

❂

दुनिया के रस्मों रिवाज
निराले है।
लोगों के यहाँ जीने के अन्दाज
निराले है।
फिसल जाते हैं यहाँ लाखों दीवाने
ऐ चन्दु !
यहाँ आशिको के ठाट निराले हैं।

❂

ऐ खुदा
तूने इश्क बनाया क्यूँ है?
बनाया है इश्क
तो आशिको को तड़पाया क्यूँ है?
मर गये लाखों दीवाने
ऐ चन्दु !
इन्तजार करते अपने महबूब का
तूने ऐसा रिवाज बनाया क्यूँ है?
बिन तेल और बाती के
दीया नहीं जलता है।
बिन चाहत और एहसास के
यहाँ प्यार नहीं होता है।

❁

मैंने इश्क को खुदा माना है
बिना इजाजत के भी
किसी की अपना माना है।
चाहा है महबूब को इस कदर की
पूरी दुनिया को भी अजनबी माना है।

❁